图书馆业务指南丛书

数字图书馆推广理论与实务

邵 燕 著

国家图书馆出版社

图书在版编目（CIP）数据

数字图书馆推广理论与实务 / 邵燕著 . — 北京：国家图书馆出版社，2020.11

（图书馆业务指南丛书）

ISBN 978-7-5013-7003-0

Ⅰ.①数… Ⅱ.①邵… Ⅲ.①数字图书馆—研究 Ⅳ.① G250.76

中国版本图书馆 CIP 数据核字（2020）第 058250 号

书　　名	数字图书馆推广理论与实务	
著　　者	邵　燕 著	
责任编辑	邓咏秋	
封面设计	程言工作室	

出版发行	国家图书馆出版社（北京市西城区文津街 7 号　100034）	
	（原书目文献出版社　北京图书馆出版社）	
	010-66114536　63802249　nlcpress@nlc.cn（邮购）	
网　　址	http://www.nlcpress.com	
排　　版	九章文化	
印　　装	河北鲁汇荣彩印刷有限公司	
版次印次	2020 年 11 月第 1 版　2020 年 11 月第 1 次印刷	

开　　本	710×1000　1/16	
印　　张	12.5	
字　　数	200 千字	

书　　号	ISBN 978-7-5013-7003-0	
定　　价	58.00 元	

目　录

前　言 ……………………………………………………………………（ 1 ）

第一章　数字图书馆推广的理论基础 ………………………………（ 1 ）

　　第一节　什么是数字图书馆推广 ………………………………（ 1 ）

　　第二节　数字图书馆推广相关研究 ……………………………（ 12 ）

　　第三节　数字图书馆营销推广相关理论 ………………………（ 23 ）

第二章　数字图书馆推广原理 ………………………………………（ 31 ）

　　第一节　数字图书馆推广的功能 ………………………………（ 31 ）

　　第二节　数字图书馆推广的特点 ………………………………（ 33 ）

　　第三节　数字图书馆推广要素解析 ……………………………（ 35 ）

　　第四节　数字图书馆推广机制建设 ……………………………（ 39 ）

第三章　数字图书馆推广模式 ………………………………………（ 41 ）

　　第一节　品牌推广 ………………………………………………（ 41 ）

　　第二节　产品推广 ………………………………………………（ 46 ）

　　第三节　渠道推广 ………………………………………………（ 55 ）

　　第四节　内部推广 ………………………………………………（ 63 ）

第四章　数字图书馆推广活动实施框架 ……………………………（ 67 ）

　　第一节　环境分析 ………………………………………………（ 69 ）

　　第二节　市场调研 ………………………………………………（ 72 ）

第三节　推广策划 ……………………………………………（ 80 ）

第四节　实施推广计划 ………………………………………（ 86 ）

第五节　评价与反馈 …………………………………………（ 87 ）

第五章　案例解析：数字图书馆推广工程推广策略 …………（ 89 ）

第一节　工程概况 ……………………………………………（ 89 ）

第二节　用户研究 ……………………………………………（ 94 ）

第三节　推广策略制定 ………………………………………（105）

第六章　案例解析：少儿推广活动策划与实施 …………………（124）

第一节　环境分析 ……………………………………………（124）

第二节　确定推广对象与推广目标 …………………………（129）

第三节　组合推广策略 ………………………………………（135）

第四节　设计活动方案 ………………………………………（139）

第五节　活动实施 ……………………………………………（140）

第六节　评估反馈 ……………………………………………（147）

第七章　多元融合发展的数字图书馆推广 ……………………（152）

第一节　发展环境的变化 ……………………………………（152）

第二节　数字图书馆推广工作展望 …………………………（157）

附录 A　数字图书馆推广工程调研问卷 ………………………（161）

附录 B　数字图书馆推广工程标识使用规范 …………………（179）

后　记 …………………………………………………………（181）

图表目录

图目录

图 3-1　厦门大学图书馆 Library Go 活动 2018 年度数据报告 ……………（43）

图 3-2　县级数字图书馆推广计划 Logo ……………（44）

图 3-3　武汉大学"拯救小布"新书闯关游戏界面 ……………（48）

图 3-4　清华大学图书馆"爱上图书馆之排架也疯狂"游戏首页 ……（49）

图 3-5　美国麻省理工学院图书馆资源导航页 ……………（50）

图 3-6　北京大学图书馆网站主页栏目 ……………（51）

图 3-7　新加坡国家图书馆网站资源推介栏目 ……………（51）

图 3-8　长沙图书馆"百万图书任您选"网站界面 ……………（52）

图 3-9　数字图书馆推广工程微信推文截图 ……………（55）

图 3-10　上海图书馆支付宝"图书馆服务"界面 ……………（58）

图 3-11　国家图书馆喜马拉雅和抖音平台服务界面 ……………（59）

图 3-12　清华大学图书馆"爱在图书馆"微视频海报 ……………（60）

图 3-13　豆瓣图书馆合作页面 ……………（62）

图 3-14　湖北宜昌网格管理员教居民使用数字图书馆资源 ……………（62）

图 4-1　数字图书馆推广活动实施框架图 ……………（68）

图 5-1　数字图书馆推广工程标识 ……………（110）

图 5-2　2015 年数字图书馆推广工程宣传片截图 ……………（111）

图 5-3　数字图书馆推广工程书签（封套正反面）·············（112）

图 5-4　数字图书馆推广工程的一库一网三平台·············（113）

图 5-5　2017 年网络书香过大年活动页面截图·············（114）

图 5-6　数字图书馆推广工程扶贫活动定制读者卡和网页·····（116）

图 5-7　数字图书馆推广工程戏曲知识库展板示例·············（117）

图 5-8　数字图书馆推广工程语音贺卡制作步骤截图·············（118）

图 5-9　金陵图书馆南京方言音频资源库·············（121）

图 5-10　楚雄州图书馆彝族文献数据库·············（121）

图 5-11　M 地铁·图书馆活动海报·············（122）

图 6-1　受访者年龄结构·············（130）

图 6-2　受访者孩子感兴趣的活动类型·············（131）

图 6-3　受访者希望参与活动的方式·············（132）

图 6-4　受访者希望获取活动信息的途径·············（132）

图 6-5　受访者感兴趣的资源类型·············（133）

图 6-6　受访者感兴趣的资源主题·············（134）

图 6-7　全国少儿诗词在线诵读活动主视觉设计·············（136）

图 6-8　全国少儿诗词在线诵读活动易拉宝·············（137）

图 6-9　全国少儿诗词在线诵读活动手机屏保·············（138）

图 6-10　全国少儿诗词在线诵读活动启动阶段微信推文·····（143）

图 6-11　全国少儿诗词在线诵读活动作品上传界面·····（144）

图 6-12　全国少儿诗词在线诵读活动点赞和榜单微信推文·····（145）

图 6-13　全国少儿诗词在线诵读活动结果公布微信推文·····（146）

图 6-14　专家对小状元进行现场指导·············（146）

图 6-15　获奖小状元在中央人民广播电台录制节目·············（147）

图 6-16　用户了解活动信息的途径·············（148）

图 6-17　用户的客观满意度评价·············（149）

图 6-18　参与活动家长对活动的评价及感受·············（150）

表目录

表 5-1　数字图书馆推广工程不同阶段组合推广策略表……………………（106）

表 5-2　数字图书馆推广工程省市级图书馆硬件配置标准（必备部分）…（115）

表 6-1　少儿活动执行计划表 ………………………………………………（141）

前　言

近年来，信息技术、网络技术、数字技术迅猛发展，下一代互联网、通信网和广播电视网的三网融合加快推进，手机上网、互联网电视发展迅速，物联网、云计算、大数据等新技术不断涌现，这些新技术的发展为数字图书馆创新服务理念、改进服务模式提供了良好的技术环境。在新技术的驱动下，智能手机、平板电脑、各种便携式智能移动设备不断出现，这些智能终端的广泛使用迅速改变了人们的信息获取途径和信息接收方式，人们的学习与阅读习惯也发生了改变。根据2019年4月中国新闻出版研究院发布的第十六次全国国民阅读调查结果[①]，2018年社会公众的阅读方式变化明显，成年国民数字化阅读接触率为76.2%，较2017年上升了3.2个百分点，有一半以上（60.7%）的国民更倾向于"网络在线阅读"、"手机阅读"或"在电子阅读器上阅读"。此外，2018年我国成年国民的听书率为26%，较2017年的平均水平（22.8%）提高了3.2个百分点。数字阅读作为一种重要的阅读方式日益普及。

互联网的迅猛发展大大改变了用户的阅读和学习模式。随着网络信息的爆炸式增长，信息获取渠道也日益丰富，图书馆作为用户首要信息源的地位却不复存在，甚至作为主要信息源的地位也在发生转变。数据显示[②]，有61.6%的网民将"阅读新闻"作为主要网上活动之一，而将"查询各类信息"和"阅读网络书籍、报刊"作为主要网上活动之一的网民分别是28.2%和15.9%。而另一项针对互联网用户信息偏好的调研数据显示[③]，用户获取信息或查询资料最常用的方式是互联网搜索引擎或门户导航（82.8%），之后依次是图书馆资源

---

①②　第十六次全国国民阅读调查成果发布[EB/OL].[2019-05-19].http://www.jinbangyuan.net/index.php?c=article&id=1322.

③　邵燕,汪静,姜晓曦,等.基于用户需求的数字图书馆推广策略研究:国家图书馆馆级课题报告[Z].北京:国家图书馆,2017.

（9.24%）、数据库商网站（6.69%）及咨询专业机构或专业人士（1.27%）等。可以看出，尽管公众对于数字媒体的接受程度和依赖程度与日俱增，但因为获取信息和进行阅读的途径日益丰富和繁杂，实际上图书馆的使用频率却并不高。

与此同时，数据显示[①]，2018年只有26.3%的成年国民对个人总体阅读情况表示满意，而有超过半数（67.3%）的成年国民认为有关部门应当举办读书活动或读书节。事实上，当前我国国民的阅读需求与现实满足之间还存在较大缺口，国民的数字阅读也仍然停留在网络新闻、音视频等娱乐需求层面，缺乏深度和高质量的系统阅读。因此，无论是在满足已有需求方面，还是在加强阅读引导与推广方面，图书馆都是大有可为的。

阅读推广的直接目的是使不爱阅读的人爱上阅读，使不会阅读的人学会阅读，使阅读有困难的人跨越阅读的障碍[②]。

图书馆一直都是紧跟技术发展的步伐，面对新技术的挑战和用户需求的迅速变化，国内图书馆界也早已行动起来，加大创新和变革的力度，从传统模式向数字化环境转变，从产品思维向用户思维转变，从等待用户提需求向主动研究和分析用户转变，从服务理念向营销推广理念转变。数字图书馆更是首当其冲。作为图书馆中最前沿、最新兴的领域，数字图书馆受到互联网技术与服务的冲击也是最强烈的，要跟上技术的发展趋势并且将其应用到图书馆业务中；要跟上互联网用户的需求变化并且抓住用户最根本的信息需求；要突出自身优势推出更加定制和个性化的服务；同时还要在用户方便获取的地方出现；用互联网用户喜闻乐见的形式来沟通和连接。只有这样，数字图书馆才能更具生命力，才能真正成为数字阅读的引领者、信息服务的排头兵，才能在国家的文化发展宏图以及全社会信息化建设进程中发挥不可或缺的作用。

理想很丰满，落到实际工作，还有许多工作要做，比如加强新技术跟踪与应用实践，加强对资源的组织与管理，加强对用户的需求跟踪与分析研究，加强服务内容的提升，等等。从整体来看，相比较在软硬件和资源建设方面的投入，数字图书馆推广是其中最容易被忽视，而实际上却是当前数字图书馆建设

---

① 第十六次全国国民阅读调查成果发布[EB/OL].［2019-05-19］. http://www.jinbangyuan. net/index.php?c=article&id=1322.

② 范并思. 阅读推广与图书馆学：基础理论问题分析[J]. 中国图书馆学报,2014（5）: 4-13.

最为迫切的环节。

这里所指的数字图书馆推广，并不只是要把资源和服务面向读者进行主动推送，也不只是开展几场阅读推广或者服务活动，而是在深入把握用户需求的基础上，从数字图书馆的战略发展角度出发，明确数字图书馆的职能与定位，并借鉴相关学科的研究成果，对数字图书馆的形象、产品和服务进行整体包装，并借助多种渠道向用户推广，从而提升数字图书馆的服务价值和品牌影响力，使数字图书馆真正走进用户、融入用户，成为用户学习、工作和生活必不可少的信息枢纽。

事实上，国内图书馆界关于营销推广的研究与实践也有近三十年的历程，随着近年来互联网营销与"微营销"的兴起，关于图书馆网络营销和数字图书馆营销推广等方面研究比较热。在紧跟国际发展的同时，国内图书馆界也逐渐探索并形成了一些更适合国情的经验，并且获得了来自国际组织的认可，出现了许多非常有影响力的推广项目，比如获得了国际图联国际营销奖的清华大学图书馆"爱上图书馆"微电影、厦门大学"圕·时光"阅读账单服务、北京科技大学图书馆"阅读日"微信阅读推荐项目等。此外还有许多国家和政府层面发起的推广项目，比如文化部（现文化和旅游部）、财政部联合实施的"数字图书馆推广工程"，"全民阅读"倡议下各地相继出现的"地铁图书馆""公交图书馆"等，都相继掀起了国内图书馆对于数字图书馆推广的热潮。

然而，从全国层面来看，当前大多数图书馆在数字图书馆推广方面的资金和人力投入都是非常有限的，重视硬件和资源的投入、忽略整体营销推广的现象仍然普遍存在，数字图书馆推广实践存在低效、同质性严重的现象，缺乏对于用户需求的把握，社会公众对数字图书馆能够提供什么缺乏清晰的认识，甚至一些图书馆的管理者或者馆内传统业务部门的人员对本馆数字图书馆并不了解，许多图书馆根本没有专门的人员来负责推广工作，许多图书馆的新媒体公众平台只是用来发发活动通知和转载文章，更有甚者，一些数字图书馆项目建设完成后网页长期打不开。有学者[①]对国内30所高校图书馆馆员进行了调研，发现76.7%的馆员认为图书馆服务营销就是"宣传图书馆的资源和服务"，说明大多数图书馆员对图书馆营销的理解还是片面的。当被问及"是否接受过图

---

① 郑文晖. 高校图书馆服务营销的实证调查与分析[J]. 图书馆建设,2009（5）:55-58.

书馆营销方面的培训"时，100%的被调查者表示没有接受过任何营销方面的培训。可以看出，即使是在营销推广研究相对更集中的高校图书馆，许多馆员对于推广的理解还非常片面，更不用说辐射更广大用户群体的公共图书馆和其他类型图书馆，而且许多馆员即便是想开展一些拓展性的工作，却因为没有理论和体系化的工具指导而只能维持现状。因此，在互联网快速发展的当下，加强数字图书馆的营销推广不仅是非常有必要的，而且应该将这项工作作为一项长期任务来规划，加强从业人员的营销推广意识和技能的培养，使之能够结合用户实际需求和本馆馆情，积极探索出更有针对性的数字图书馆推广策略，并在实践中不断调整和完善，从而更加适合数字图书馆的发展需要。

基于此，笔者开展了数字图书馆推广理论与实务的研究，通过系统梳理相关的理论研究，并对国内外大量的数字图书馆推广实践进行总结，建立起数字图书馆推广的基本理论框架。同时结合推广工作的实践性特点，在实操层面设计了活动策划与实施的全流程指南和案例解析，以期为在数字图书馆建设和服务推广中探索前行的图书馆从业人员提供一些借鉴和参考，共同推动数字图书馆在日益激烈的互联网竞争中保持生机和活力，让图书馆优质的网络信息资源与服务成为用户学习、工作和生活的得力助手，让图书馆在引导全民阅读、推动社会文明进步和构建和谐社会中发挥更加重要的作用。

第一章　数字图书馆推广的理论基础

我国数字图书馆研究与建设自20世纪90年代开始起步，至今已走过近三十年的历程，经历了数字资源的原始积累阶段、关键技术的攻关研发阶段、数字服务的集成应用阶段，数字图书馆逐渐从高速发展的基础建设阶段转向更加精细化、个性化的服务阶段。而进入互联网时代，信息与知识的产生与传播过程发生了翻天覆地的变化，新生一代的互联网用户从信息获取习惯到学习偏好也都与此前大不相同。与之相应，数字图书馆也一直在不断进行着创新和转型，整合资源、改进服务、引入新媒体技术等。然而，还是有很大一部分公众对于数字图书馆认识模糊，大家似乎更习惯于使用搜索引擎来获取网络信息。后者往往也会因为商业目的而在搜索结果中混入各类质量参差不齐的信息。因此，如何能够刷新公众对于数字图书馆的认知并爱上这座知识宝库，优质的资源如何能够服务于真正需要的用户，是数字图书馆从业人员亟待解决的问题，也是数字图书馆推广的宗旨所在。

本章我们将重点讨论数字图书馆推广的相关概念，以及图书馆营销推广的相关研究和主要理论及策略。这些也是数字图书馆推广的重要理论支撑和研究基础。

第一节　什么是数字图书馆推广

谈起数字图书馆推广，有几个相关的概念与它联系紧密，比如图书馆营销、图书馆阅读推广、数字阅读推广等。事实上，这几个概念之间有关联性，也有各自不同的侧重点。本节将结合这几个相近的概念来解析一下何为数字图书馆推广。

一、图书馆营销

谈到数字图书馆推广，许多人对此概念可能还有些陌生，但是说到图书馆营销，大家可能就亲切得多，事实上数字图书馆推广与图书馆营销之间有着非常密切的关系。数字图书馆推广是图书馆营销在网络环境下的创新与发展，两者所涉及的业务类型和研究框架也非常接近，因此本节我们首先了解一下图书馆营销理论的概念和发展历程。

早在20世纪50年代，营销的概念已经在美国商业领域产生，而"图书馆营销"这一概念的出现，则是70年代。1969年，美国学者科特勒和利维发表了经典文章《拓宽营销理念》[①]，并在文章中指出了营销的两个拓展意思，一是影响或者说服顾客购买他们不需要的东西，二是要对顾客的需求敏感，并且有满足顾客需求的服务意识。后者引申出建立用户忠诚度和聚焦于用户需求的意思，这也就使得营销的概念被许多非传统商业领域所接受，包括一些非营利性机构，比如图书馆、大学、医院等。

20世纪70年代，在图书馆、大学、医院这些非营利机构中，大多数人刚刚开始积极地应用营销理念，虽然很多人已经从事相关工作多年，但早期大多采用"宣传"这个说法。比如1921—1943年，《图书馆文献》所报道的图书馆活动都是在"宣传"栏目下，后来这些活动又被划归到"公共关系"栏目，而图书馆举办的书展等活动被明确界定为"宣传"范畴。1921年，图书馆员布里斯科在《图书馆广告》[②]一书中介绍了公共图书馆的宣传方法、图书馆儿童服务项目的宣传、偏远地区图书馆系统的宣传工作等。书中还有一章是介绍电影院和图书馆工作的，其中的一些策略至今仍有图书馆在使用，比如面向不同群体发送个性化的图书馆信息、将图书馆宣传信息与电影绑定等。

1969年，图书馆和信息科学文摘（LISA）将"营销"列入其数据库的关键词，从那时起，该数据库中与"营销"相关的文献数量一直在不断上升。20世纪70年代初，图书馆员和信息专家开始认为营销的某些方面可能是改善图

---

① KOTLER P, Levy S J. Broadening the concept of marketing[J]. Journal of marketing, 1969, 33(1): 10–15.

② BRISCOE W A. Library advertising[M]. New York: H.H.Wilson, 1921.

书馆服务的重要手段。1975年，科特勒以非营利组织为导向的书《非营利组织的营销》出版（第1版，现在最新的是第7版，2007年出版），书中以公共图书馆为例进行了阐述，这算是最早讨论图书馆营销的著作了。1976年，威英斯托克在《图书馆与信息学百科全书》①第17卷中阐述了科学技术信息服务的营销，首次将营销理论引入图书馆，之后越来越多研究图书馆营销推广的文章出现。1977年，图书馆员波拉德和学者沃特哈特在文章《科技信息营销》②中探讨了在学术图书馆的产品和服务中应用营销方法的可能性，这在当时是非常有创新性的。此外，早期图书馆营销的倡导者中还包括学者安德里亚·龙，她认为公共图书馆正在失去它的税收份额，因此需要进行市场营销③。

应该说，早期进行的图书馆营销研究更多是在探索如何将营销的理念引入图书馆，并且研究并不专门针对图书馆，而是图书馆所属的更大群体——非营利组织为切入点，对于图书馆开展营销的具体问题和运作缺乏实操层面的针对性。

到了20世纪八九十年代，图书馆营销方面的研究已经从泛泛的理念探讨逐渐向实践应用转变，而且有越来越多的图书馆领域学者开展了多方面探索。1981年，美国《图书馆杂志》（Library Journal）做了第一期关于营销的专题报道《超越公关：图书馆营销》④。该期内容包括一些图书馆领导撰写的文章，他们认识到，尽管营销并不是解决所有图书馆问题的灵丹妙药，但对于图书馆未来规划是非常重要的。1983年，美国伊利诺伊州图书馆也出版了一期特刊《图书馆营销》。之后，有关图书馆营销的专刊就越来越多，讨论的主题也越来越丰富。1984年，达琳·文甘德的里程碑式著作《图书馆和信息机构的市场营销》⑤出版，介绍了市场营销理论和市场营销模型，以及市场营销在图书馆和

---

① WEINSTOCK M. Encyclopedia of Library and Information Science[M]. New York: Marcel Dekker, 1976.

② BELLARDO T, WALDHARDT T. Marketing products and services in academic libraries[J]. Libri, 1977(27): 181–194.

③ DRAGON A. Marketing the library[J]. Wilson library bulletin. 1979(53): 498.

④ EISNER J. Library Journal special report No. 18: beyond pr. marketing for libraries[M]. New York: R.R. Bowker Co., 1981.

⑤ WEINGAND D. Marketing for libraries and information agencies[M]. New Jersey: Ablex Publishing Corp, 1984.

信息机构的实际应用。1988年，图书馆学教授伊丽莎白·伍德出版了《图书馆战略营销手册》[1]，它超越了对宣传和销售技巧的认可，更深入地讨论了如何将营销原则融入图书馆的运营和规划中，如市场细分和机会分析，并引入了战略规划的合作市场营销活动的概念。在此期间的研究基本上涉及了市场营销的各个方面，包括4P理论和开展市场研究、调查和营销计划制订等，并且更加强调将图书馆战略规划与营销结合，推动电子借阅服务，来满足用户对于新技术的需要。可以看出，这个时期越来越多的图书馆人接受了图书馆营销的概念，所以也逐渐有更多的关于营销指南、营销手册方面的文章和论著出现。

20世纪90年代以后，国外对图书馆营销的研究越来越多，研究重点既有具体的营销实践和营销技巧应用，也有基于营销的理念对于图书馆业务的反思。1991年，瑞典的格瑞塔·仁波各提出了一个颇具争议的观点[2]：低使用率可能更多的是营销不善的标志，而不是对所评估的服务不感兴趣的标志。学者克瑞斯蒂·昆茨在《图书馆设施选址手册》[3]指出，图书馆员需要了解所服务用户的物理范围，以便了解实际用户和潜在用户的使用习惯和使用数据。这间接指出了图书馆产品与客户使用图书馆所支付的价格（时间）之间的关系的重要性。圣克莱尔强调了客户对高质量服务的需求，并给出图书馆根据客户的需求调整服务的步骤[4]。国际发展研究中心（IDRC）资助的研究著作《信息产品和服务的产品设计与试销》[5]为图书馆和信息服务机构提供了有关信息产品和服务的实际开发流程。1997年，仁波各在第63届国际图联大会上发表演讲[6]，

---

① WOOD E. Strategic marketing for libraries: a hand-book[M]. Westport, CT: Greenwood Press, 1988.

② RENBORG G. Measuring: meaningless without marketing[J]. Svensk biblioteksforskning, 1991(3): 3–18.

③ KOONTZ C M. Library facility siting and location handbook[M]. Westport CT: Greenwood Press, 1997.

④ ST CLAIR G. Customer service in the information environment[M]. London: Bowker-Saur, 1993.

⑤ JAIN A K, et al. Product design and test marketing of information products/services[M]. New Delhi: Oxford and IBH, 1999.

⑥ RENBORG G. Marketing library services: how it all began[C/OL]// The 63rd IFLA General Conference: conference proceedings (1997-08-31) [2019-02-20]. https://archive.ifla.org/IV/ifla63/63reng.htm.

认为市场营销的元素体现在古老的图书馆活动中，如宣传、公共关系、广告和推广工作，今天的图书馆服务营销在美国和北欧的部分地区有着很深的根基，尤其是在那些教育和经济发展水平高、图书馆和学校比较多的国家，同时也指出了认识竞争、针对客户群体和评估分销渠道的重要性。同年，IFLA成立了管理与营销部门，并且该部门自成立以来，每年都会在IFLA年度会议上举办会前会议，关注与图书馆营销相关的各种活动和研究。随后越来越多的研究者开始关注图书馆营销的关键因素或者营销与图书馆业务的结合。国内图书馆界近年来关注较多的"国际图书馆营销奖"就是由这个部门筹划和负责管理的。

在我国，从几个比较主流的中文期刊检索平台上搜索的文献中可以看到，20世纪90年代，国内学者也开始关注图书馆营销的概念，最初主要是介绍国外的建设情况和进展，探讨如何在图书馆服务和宣传工作中引入营销推广的理念。如庞志雄1993年发表的文章《美国的图书馆市场营销概述》[①]介绍了美国的图书馆营销情况。中国科学技术信息研究所在联合国教科文组织综合情报计划处的资助下于1993年4月在北京召开了"图书馆和信息服务机构营销政策国际研讨会"[②]，并在会后将会议讨论以报告形式发布，报告分为七个部分：图书馆与信息服务机构的营销政策与策略的综合介绍、如何采取营销方法、营销的基本概念、营销的政策、计划和制定营销政策以及营销政策的模式，这也是国内对图书馆和信息服务机构营销政策的首次集中探讨，非常有开创意义。

图书馆营销概念的引入刷新了国内图书馆对于宣传推广的认识，更多学者对此进行了理论探索。雷云根据图书馆营销的难点提出了信息经营的四步法则[③]：市场预测定决策、内容形式多样化、鲶鱼效应出效益和公关部的"攻关"步，可以说在当时还是非常有创新思维的。彭俊玲与陈峰比较了中西方图书馆的营销活动，指出中国图书馆需要在"市场"二字上狠下功夫，并且应该改革图书馆学教育，开设有关市场学、营销学方面的课程[④]。随后有许多学者将营销学的具体理论，如4P、4C以及内部营销、整合营销以及战略管理等理念

---

① 庞志雄.美国的图书馆市场营销概述[J].图书馆杂志,1993（1）:55-57
② 梁战平.《图书馆和信息服务机构营销政策》简介[J].中国信息导报,1994（4）:28
③ 雷云.图书馆信息营销策略初探[J].情报杂志,1995（6）:3-5
④ 彭俊玲,陈峰.市场经济与图书馆经营——中西方图书馆比较与思考[J].图书情报工作,1996（6）:17-19.

直接引入，探讨相应的营销策略。比较有代表性的有：李桂华、张晓林等人认为，知识服务应当实施营销战略，知识服务营销应立足于"让用户成功"的战略，应把服务战略作为核心战略，并着眼于能力营销，把内部营销作为基本策略，将网络开辟为营销主战场[①]。陈超提出我国公共图书馆需要进行战略营销管理，并阐述了基本原则和主要战略选择[②]。

随着国内外学者对于图书馆营销研究的广泛开展和不断深入，图书馆营销的理论体系也日渐形成，其中有关图书馆营销的定义，在综合各方面研究的基础上，美国图书馆协会在《ALA图书馆与信息学词典》[③]中给出了一个界定：图书馆营销是图书馆和信息服务提供者面向其服务的现有用户和潜在用户开展的一系列有针对性的活动，涉及服务的产品内容、服务成本管理、服务方式和服务推广的技巧。尽管图书馆是非营利性机构，但是仍然有传递自身价值和吸引用户走进图书馆、利用图书馆的需求，因此，将营销的理念和方法引入图书馆工作中，将有助于提升图书馆的管理水平，扩大图书馆的影响力和社会效益。

而图书馆营销的理念对于后期相继兴起的图书馆阅读推广、数字图书馆推广等相关研究也都有比较重要的推动作用，尤其是商业营销的主流模型框架、营销活动的策划与管理等方面的成果对于图书馆的各类型推广都具有非常重要的参考价值。

二、图书馆阅读推广

长久以来，图书馆都是开展阅读的重要场所，图书馆与阅读有着密不可分的关系，而培养读者的阅读意识和阅读习惯、提高阅读能力也是图书馆工作的重要内容。在我国，阅读推广真正成为图书馆的一项重要业务工作还是进入21世纪之后。1997年，国家多个部委联合发出通知，实施"知识工程"，"倡导全民阅读、建设阅读社会"。2000年，全国知识工程领导小组把每年的12月

---

① 李桂华,张晓林,党跃武. 论知识服务的营销战略问题[J]. 中国图书馆学报,2001（4）:11-14,32.

② 陈超. 公共图书馆的战略营销管理[J]. 图书馆论坛,2002（5）:113-115.

③ Levine-Clark M. ALA Glossary of Library and Information Science[M]. Chicago: ALA, 2013.

定为"全民读书月"，2004年，"全国知识工程领导小组"将每年的"全民读书月"活动交由中国图书馆学会负责承办。在中国图书馆学会的带领下，国内图书馆界开展了丰富多彩的阅读推广活动，阅读专题讲座与展览、读者培训、读书会、读书比赛等形式鲜活的服务如雨后春笋般涌现出来，获得了良好的社会反响。

2014年，十二届全国人民代表大会第二次会议上发布的《政府工作报告》中，首次明确提出"倡导全民阅读"，此后，全民阅读连续多次被写入《政府工作报告》。随着国家和各级政府的高度重视，国内图书馆的阅读推广也逐渐从零散、边缘的活动形式发展为图书馆的主流业务，活动形式日益丰富，有些全国性的活动多年持续开展，形成了深入人心的品牌形象，比如"世界读书日"活动、"全民读书月"活动等。服务对象也日益细化，逐渐细分出面向少儿、老年人、残疾人等不同群体的活动，更加凸显服务的均等化。活动形式也在不断与时俱进，包括比较受年轻人欢迎的社交平台的推广以及引入游戏等方式。活动开展的范围，也从早期主要集中在东部发达地区逐渐形成了星火燎原之势，阅读推广成为全国各级各类图书馆的活动标配。目前，全国所有省（区、市）都开展了全民阅读活动，400多个城市常设读书节、读书月等活动。

与之相应的，有关阅读推广的理论研究也逐渐受到了国内学者们的重视，阅读推广相关的理论探讨也已经成为图书馆学研究的一个重要和热点领域。

具体到图书馆阅读推广的定义，也就是阅读推广是什么的问题，可谓众说纷纭，而华东师范大学王丹、范并思总结不同学者的界定，将当前图书馆阅读推广方面的定义进行了系统梳理，划分为4个大类、8个流派[①]：

（1）使命类（使命说）：这一类观点是从宏观角度出发，将阅读推广上升到图书馆使命的高度，认为图书馆应该将阅读推广纳入其战略规划，这一观点的提出对于推动阅读推广工作的科学管理和顶层设计有着不言而喻的重要性。这类观点的代表人物是深圳图书馆前馆长吴晞，他曾经在文章[②]中提出：阅读推广是图书馆的根本性人物，是图书馆历史发展的必然结果，是图书馆行业生

---

① 王丹,范并思. 图书馆阅读推广基础理论流派及其分析[J]. 大学图书馆学报,2016,34（4）:23-29.

② 吴晞. 任务、使命与方向:图书馆的阅读推广工作[J]. 图书馆杂志,2014,33（4）:18-22.

存和社会文化发展的需要。

（2）实践类（活动说、工作说、服务说、实践说）：这一类观点认为阅读推广活动、服务以及为促进阅读所做的一切工作都属于阅读推广实践，都要服务于图书馆的核心价值。

活动说代表人物有张怀涛、王余光、王波等人。王余光认为图书馆阅读推广是由图书馆独立或者参与发起组织的，普遍的面对读者大众的，以扩大阅读普及度、改善阅读环境、提高读者阅读数量和质量等为目的的，有规划有策略的社会活动[①]。而王波认为图书馆阅读推广是图书馆通过精心创意、策划，将读者的注意力从海量馆藏引导到小范围、有吸引力的馆藏，以提高馆藏的流通量和利用率的活动[②]。

工作说的代表人物是万行明和王辛培。他们认为阅读推广是为了培养读者阅读习惯、激发阅读兴趣、提升阅读水平等所开展的相关活动和工作的总称。

服务说的代表人物是范并思。他认为阅读推广是图书馆服务的一种形式，而且日益成为现代图书馆的一种主流服务。

实践说的代表人物是谢蓉、刘炜和赵珊珊。他们认为：图书馆阅读推广是图书馆利用其信息资源、设备设施、专业团队和社会关系等各种条件，鼓励各类人群成为图书馆的读者，并培养其阅读兴趣、养成阅读习惯或提升其信息素养的各种实践[③]。

（3）休闲类（休闲说）：这一类观点认为阅读推广应该以休闲阅读为主题，试图影响的是与工作与学习无关的阅读行为。而这类观点在西方图书馆界尤其是高校图书馆里是被广泛认同的，他们认为这将有助于学生缓解学业压力、提高心理素质、拓展课外兴趣。其代表人物是于良芝，认为图书馆阅读推广应该以培养一般阅读习惯或者特定阅读兴趣为目标，而与工作或者学习相关的阅读受任务驱动，不易受阅读推广的影响。

（4）学科类（"阅读学"说、"传播学"说）：这一类观点是侧重于将与阅

---

① 王余光. 图书馆阅读推广研究的新进展[J]. 高校图书馆工作,2015（2）:3-6.

② 王波. 阅读推广、图书馆阅读推广的定义——兼论如何认识和学习图书馆时尚阅读推广案例[J]. 图书馆论坛,2015（10）:1-7.

③ 谢蓉,刘炜,赵珊珊. 试论图书馆阅读推广理论的构建[J]. 中国图书馆学报,2015（5）:87-98.

读推广关联比较紧密的学科理论应用于阅读推广实践，图书馆并不是阅读推广研究的唯一主体，应该广泛吸取相关学科的先进理论促进自身发展。

"阅读学"说的代表人物是徐雁。他编制了《全民阅读推广手册》和《全民阅读参考读本》，为各类有阅读困惑或者焦虑的读者提供理性的指南，强调纸本阅读、儿童导读和面向未来的阅读。

"传播学"说的代表人物是谢蓉和刘开琼。前者提出阅读推广活动本质上属于传播活动，是推广主体、阅读者、阅读对象以及推广媒介等要素在一定时空范围内设计、组合、组织和配置的结果，通过相互作用，让阅读成为人们实现知识分享、提升精神境界、获得有用信息等的渠道。而刘开琼则将5W传播模型应用于阅读推广，提出阅读推广五类要素：Who（谁）、Say What（说了什么）、in Which Channel（通过什么渠道）、to Whom（向谁说）以及with What Effect（有什么效果）。

可以看到，上述分类中各流派学者们所给出的定义各有侧重，使命类肯定了图书馆阅读推广工作的价值和责任，实践类明确了图书馆阅读推广工作的方向和定位，而休闲类让从业者更加关注阅读推广的非功利性，学科类则创新了图书馆阅读推广工作的思路，增加了工作的科学性和理论指导。除了实践类定义各种说法之间在图书馆阅读推广的性质究竟是"工作"、"活动"还是"服务"这一定位上存在差异以及休闲说在阅读推广的侧重点上格外强调了休闲阅读外，各方的界定大体上都是一致的，是可以相互补充的，因此对于从事相关工作的实践者而言，并不用对其界定进行非此即彼的取舍，而是可以综合各家之言取其精华来指导具体工作，从更加全面、系统的角度思考未来工作的改进和发展思路。

三、数字阅读推广

伴随着科学技术的发展，人们的阅读方式也发生了巨大的变化，从纸质图书阅读逐渐转向电脑阅读、电子阅读器阅读、手机和平板阅读等各种新型的数字阅读方式，阅读习惯的变化也直接影响着图书馆的服务与工作。与传统阅读方式相比，除了在阅读载体方面的变化，数字阅读还具有一些传统阅读无法比拟的优势：

1.不受阅览时间和物理空间的局限，可以随时随地进行阅读。传统阅读需要到馆借阅，受限于距离、阅览座席、开馆时间等一系列限制，而数字阅读大多数7×24小时服务，大多也都支持本地离线阅览，所以可以足不出户、随时随地进行阅读，节省了人们的时间和精力。

2.方便携带、便于分享。相比传统纸质媒介在数量、重量和体积等方面的限制，数字化的图书可以批量存储于小小的电子设备中随身携带，在需要阅读的时候可选择的内容范围就丰富得多，并且在版权许可的情况下进行拷贝或者借助网络方式转发也都非常方便，可以突破传统纸质图书的复本限制。

3.内容丰富、展现形式更加生动和直观。除了文本形式的图书以外，数字阅读还可借助图片、音视频等多媒体方式来丰富人们的阅读体验，同时检索和超链接的便捷性也让人们可以快速获取到相关的知识，提高阅读效率。

此外，数字阅读还具有成本低、自主性强、互动性强等优点，这些都是数字化和网络化发展带来的便捷之处。但与此同时，也有许多学者提出，数字阅读正在削弱人们的深度阅读能力，检索结果的即时性会让越来越多的人习惯于拿来主义，超链接则常常让人们迷失在互联网的汪洋大海中而忘记初衷，碎片化阅读让人们总是停留在浅阅读层面，缺少思考和求证的过程，长期来看，这些便捷性对于阅读推广所倡导的提高阅读能力而言似乎又是矛盾的。各方观点不一而足，对于图书馆开展数字阅读推广活动来说，这些观点是非常好的提醒，不能为了推广而推广，为了吸引眼球而求新求变，最重要的是要明确推广的出发点和目标。

与传统图书馆阅读推广相比，数字阅读推广的最大特点体现在"数字"二字，除了上述阅读载体的数字化所带来的差异，推广渠道和推广方式与传统阅读相比也都存在着显著的变化，这与新媒体自身的特点密不可分。

相比较图书馆的线下活动宣传、报纸新闻等传统推广方式，数字阅读推广在全媒体覆盖方面也更有优势，因为现代技术的发展使得数字形态的内容更容易进行格式转换和多种类型内容的融合，使其能够非常方便和及时地发送到手机、电视、电脑、阅读器等各种媒体终端，更容易到达各类型不同偏好的终端用户。而随着微博、微信等社交媒体平台的蓬勃发展，许多图书馆都建立了自己的社交媒体账号，用户可以通过关注公众号参与阅读推广活动，通过链接直接进行数字阅读，而图书馆也可以直接与用户对话，获取用户的需求，从而推送更有针对性的内容，引导读者的阅读行为。此外，建立在社群基础上的口口相传的推广方式，因为是朋友推荐所以往往可信度更高，转化率也更高，因此是数字阅读推广非常有效的一种渠道。

数字阅读推广可以看作是图书馆阅读推广在网络环境下的创新发展，它既包括数字阅读内容的推广，也包括了采用数字化的新媒体手段来丰富传统阅读推广的渠道和方式。

四、数字图书馆推广

前面我们介绍了图书馆营销、图书馆阅读推广和数字阅读推广，相比之下，数字图书馆推广远未形成自身的界定和研究深度，而我们用"数字图书馆推广"作为关键词检索学术文献，可以看到相关研究主要集中在几个方面：图书馆数字阅读推广、数字图书馆阅读推广、数字图书馆营销推广和数字图书馆推广工程。而本书所关注的数字图书馆推广的概念也正是基于上述研究的成果，尤其是图书馆营销与图书馆阅读推广的相关理论和实践经验，同时更加聚焦于数字图书馆这一推广主体，关注的是如何能够利用图书馆营销和推广的相关理论成果和实践经验来提高人们对于数字图书馆的认知，提高人们的信息素养和对数字图书馆的利用，使数字图书馆能够发挥更大的社会效益。

国家财政部、文化部在2010年启动实施了"数字图书馆推广工程"（以下简称"推广工程"）这一全国性的数字文化工程，经过近10年的建设和发展，工程也取得了阶段性的成果，尤其是在全国范围内加快了公共图书馆的数字化和现代化发展进程，全面提升了全国数字图书馆的整体水平。而这一工程的实施范围之广、参与图书馆数量之多在我国数字图书馆建设历程中也可谓史无前例，随着推广工作的全面铺开和实施阶段的不断深入，也引发了从业人员和业界学者的广泛关注，在理论方面也出现了许多的研究成果。作为一个全国性的工程，数字图书馆推广工程从无到有的理念普及过程、由点及面的全面推广过程、从平台建设到服务推广的迭代创新过程都完全不同于单个数字图书馆的推广，比如在宏观层面上将数字图书馆作为一个整体来进行推广所要考虑要素有哪些，在国家层面上所看到的当前国内数字图书馆推广工作的特点和发展中的问题是什么，等等，这些问题和经验对于国家和区域层面的数字图书馆推广建设都是非常有价值的，因此，本书也将就此进行一些探讨。

第二节　数字图书馆推广相关研究

营销理念引入图书馆是在20世纪70年代，而数字图书馆营销推广的研究与实践则是从21世纪初才逐渐兴起，伴随着数字化、网络化技术与新媒体的快速发展而逐渐成为图书馆营销领域的后起之秀。本节我们将共同回顾一下2000年以来国内外在图书馆营销和数字图书馆营销推广方面的研究进展。

一、国外研究进展

进入21世纪后，国外图书馆和信息服务营销推广的研究中出现了许多新的术语，如内部营销、关系营销、互联网营销、整合营销、以用户为中心的营销等，而相关方面的实践应用也更加深入和具体。德国学者佛莱特针对图书馆的不同岗位性质，结合图书馆工作的实践经验，讨论了图书馆营销管理涉及的统计、分析与评估方法[1]。美国学者米佳和耐斯塔专门研究了针对网络一代（Net Generation）用户的图书馆营销策略，认为图书馆在营销中应该做出必要的适应，比如网站设计上增加视觉和交互体验，在实体空间设计上要适应用户多样化的需求，提供安静、舒适的学习空间[2]。同样，斯密特在《在Google时代推广图书馆服务》一文中也提到，现代的图书馆应该是"获取实体及虚拟资源的窗口，包含网络和物理两种空间，有实体和网络资源，提供在线及面对面多个渠道的咨询"，将图书馆定位成一个集线上线下于一体的综合性信息服务场所[3]。学者安托尼·琼斯和艾斯瓦拉·拜特讨论了图书馆与信息服务（Library and Information Services，简称LIS）营销的战略规划要求，并试图分析LIS营

---

① FLATEN T K. Management, marketing and promotion of library services based on statistics, analyses and evaluation[M]. München, Germany: K.G. Saur, 2006.

② JIA M, FREDERICK N. 向网络一代营销图书馆服务[C]// 上海图书馆. 管理创新与图书馆服务：第三届上海国际图书馆论坛论文集. 上海：上海科学技术文献出版社, 2006: 178-187.

③ SCHMIDT J. Promoting library services in a Google world[J]. Library management, 2013, 28(6/7): 337-346.

销背景下的"7Ps"营销组合策略①。以色列学者诺瓦阿哈若尼在文章中探讨了学校、学术及公共图书馆的馆员对于图书馆营销的态度，他认为，任何类型的图书馆馆员都应该了解市场营销的概念和内涵，这样才能更好地在新技术变革中保持信息服务的核心地位②。这一时期，用户需求和行为的研究也成为图书馆营销的一个重点内容，包括到馆读者的行为分析、图书馆流通数据挖掘、用户行为研究、嵌入用户学习环境的营销设计等方面。日本学者南俊朗认为图书馆营销可以基于图书馆的流通记录、图书馆目录和图书使用数据来进行策略调整，提出，可以利用高校图书馆的流通数据挖掘来支持图书馆的营销工作，并以所在图书馆做了案例分析③。侯赛因提出了一个以用户为中心的图书馆营销模型的框架，并设计了该框架在高校图书馆如何应用④。

随着互联网技术的发展，社交媒体成为网络营销的新宠，图书馆也不例外，图情领域许多学者的研究重点转移到了数字环境下图书馆的营销推广，比如数字化时代的图书馆营销推广和服务营销、数字资源营销、社交网络营销推广、大数据营销等方面。美国学者罗杰斯调查了人们对图书馆使用Web2.0技术开展营销的认识，受访者普遍认同Web2.0技术在图书馆营销中发挥了重要作用，其中微博、在线视频及短信推送被列为最有效的营销工具⑤。英国的比肖普和罗威调研了英国的独立图书馆所采取的营销和推广方式，尤其是他们在面对数字化发展的趋势下如何开展营销推广，通过研究提出图书馆应该制订整体的

---

① JOSE A, BHAT I. Marketing of library and information services: a strategic perspective[J]. Vision, 2007,11(2):23-28.

② AHARONY N. Librarians' attitudes towards marketing library services[J]. Journal of librarianship and information science, 2009,41(1): 39-50.

③ MINAMI T. Potentials of circulation data analysis for library marketing: a case study in a university library[J]. Communications in computer & information science, 2011, 258:90-99; MINAMI T, KIM E. Data analysis methods for library marketing[C]// Future Generation Information Technology First International Conference Proceedings, December 10-12, 2009. Jeju Island, Korea: DBLP, 2009.

④ MUHAMMAD J H. Designing user-focused marketing culture in academic libraries: a conceptual outline[J]. Journal of library administration, 2013(53): 122-146.

⑤ ROGERS C R . Social media, libraries, and web 2.0: how American libraries are using new tools for public relations and to attract new users[EB/OL]. [2019-05-10]. https://core.ac.uk/download/pdf/49234937.pdf.

战略营销计划，内部营销与外部营销一样重要，新技术需要与读者需求相适应才能促进推广等观点①。英国学者琼斯和哈威认为尽管大多数图书馆都开通了社交网络账号，但是大多数由图书馆工作人员来决定提供什么服务，并没有人研究过用户对高校图书馆社交媒体的评价或者用户对社交媒体真正的需求。因此他们同时做了面向图书馆员和用户的调查，基于双方的一些想法差异提出了未来图书馆在开展社交媒体营销时应该注意的问题，比如应该发挥社交媒体的优势开展一些互动服务，可以考虑跟院系合作来增加显示度等②。

随着图书馆营销实践和研究的深入，图书馆营销相关的专著也逐渐增多。古普塔和詹姆何卡在《服务营销的综合方法》③一书中指出，尽管图书馆和信息服务提供商对于营销的概念非常感兴趣，但是他们对于营销概念的理解仍然存在着许多误区。因此，他们推荐了图书馆营销相关的基础论著，以及以客户为中心的方法、营销策划的工具和技巧、如何利用互联网进行宣传，以及如何在机构内部灌输营销理念等全方位的知识。同年，美国图书馆协会（ALA）出版了一份报告《看得见的图书馆员：用营销和宣传来维护你的价值》④，它将客户服务、营销、宣传、公共关系和推广这五个概念结合在一起，并且认为图书馆的价值要让用户、赞助方和基金提供者都能看得见。2006年，IFLA出版了《图书馆和信息服务中的营销：国际视角》⑤一书，书中汇集了20个国家47位作者的40篇论文，站位全球视野对图书馆和信息服务营销进行了整体扫描，研究内容涉及：图书馆营销观念的变迁，世界各地图书馆的营销实践，图书馆协

———————

① BISHOP T, ROWLEY J. Digital marketing in independent libraries in the United Kingdom[J]. Journal of librarianship and information science, 2013, 45(4): 323-334.

② JONES M J, HARVEY M. Library 2.0: the effectiveness of social media as a marketing tool for libraries in educational institutions[J]. Journal of librarianship and information science, 2019, 51(1): 3-9.

③ GUPTA D K, JAMBHEKAR A. An integrated approach to services marketing: a book of reading on marketing of library and information services[M]. Mumbai, India: Allied Publishers Private Unlimited, 2003.

④ SIESS J A. The visible librarian: asserting your value with marketing and advocacy[M]. Chicago: American Library Association, 2003.

⑤ GUPTA D K, et al. Marketing in library and information services: international perspectives[M]. Munich: K. G. Saur, 2006.

会在市场推广中的作用，图书馆营销的教育、培训与研究，图书馆营销能力提升等。美国马里蒙大学图书馆的肯尼迪和哈佛大学图书馆的拉瓜迪亚在《图书馆电子资源营销手册》[①]一书中，针对图书馆电子资源使用率低的情况，提出图书馆需要制订电子资源的营销计划，并且详细介绍了如何制订计划，以及如何实施、如何进行后续的评估和调整，该书对于图书馆的资源建设与服务人员是非常有实操价值的。美国伯灵顿公共图书馆的萨曼萨在《图书馆中的移动社交营销》[②]一书中介绍了图书馆如何基于Facebook、Twitter、Instagram、Snapchat、Vine和Tumblr等社交媒体进行营销，并进行了详细的程序操作解析，可以说是图书馆移动社交营销方面的一本非常基础的著作。罗伯特和伍德主编的《创意图书馆与营销宣传：最佳实践》[③]一书中汇编了来自不同图书馆的营销实践，介绍了不同图书馆如何采用创造性的方式和营销策略来与社区用户建立联系，所选案例也都有非常好的代表性和启发性。布拉德福德主编的《学术图书馆的营销和推广》[④]一书汇集了不同的大学图书馆开展营销推广的案例，涉及图书馆社交媒体运营、大型活动盛典的举办以及一些图书馆项目的营销，尽管图书馆规模不同、活动和服务的类型也不同，但是书中核心的观点是要通过合作推广来触达用户。

　　最值得关注的是，2018年OCLC、ALA等图书馆界比较有影响力的机构都发布了图书馆营销推广方面的报告，并且将图书馆营销推广升级到图书馆战略规划的层次，与图书馆的愿景、使用和服务宗旨密切结合。ALA与OCLC合作发布的一项研究报告《从理解到投入资金：选民对图书馆的看法和支持（2018）》[⑤]比较了他们在2008年和2018年所开展的两次用户研究的结果，并提出了如下

---

①　KENNEDY M R, LAGUARDIA C. Marketing your library's electronic resources: a how-to-do-it manual[M]. London: Facet Publishing, 2013.

②　SAMANTHA C H. Mobile social marketing in libraries[M]. Lanham, MD: Rowman & Littlefield, 2015.

③　ROBERT J L, Wood M S. Creative library and marketing publicity: best practices[M]. Lanham, MD: Rowman & Littlefield, 2015.

④　BRADFORD L E. Marketing and outreach for the academic library: new approaches and initiatives[M]. Lanham, MD: Rowman & Littlefield, 2016.

⑤　OCLC and American Library Association. From awareness to funding: voter perceptions and support of public libraries in 2018[EB/OL]. [2019-02-28]. https://doi.org/10.25333/C3M92X.

一些观点：图书馆的数字内容和服务正在爆炸式增长；社交媒体大大改变了人们交流和获取信息的方式；图书馆是否成功不再基于图书馆自身的产出来衡量，而是基于用户和社区对图书馆的评价；美国图书馆的公共资金支持被削减，同时对于当地政府的资金支持依赖更加严重。与此同时，他们对于未来的发展方向也提出了一些建议，主要包括：努力吸引公众的关注、更新人们对于图书馆的传统认知、扩大对学龄儿童的服务、留住图书馆忠实用户和新兴用户等。这一报告的发布一方面为图书馆未来发展敲响了警钟，同时也肯定了图书馆营销推广的重要性。此外，OCLC还开展了一项针对美国公共图书馆的调查研究，并发布了报告《美国公共图书馆：营销和沟通蓝图》[①]，分析了美国公共图书馆在社交媒体营销、传统电子邮件推送、沟通策略制定以及专职营销人员设置等方面的情况，从而对于美国公共图书馆当前的营销现状有一个比较全面而理性的描绘。

可以看到，国外图书馆界对于图书馆营销推广的重要性已经基本形成了共识，而面对社交媒体的广泛使用以及图书馆资金筹集方面的挑战，许多图书馆也都将数字图书馆营销推广作为改变图书馆当前发展困境的创新思路。可以预见，随着OCLC和IFLA等国际组织持续呼吁与推动，图书馆营销推广将在图书馆的创新发展和机构改革中发挥更加直接和深远的影响。

二、国内研究进展

进入新世纪以来，国内图书馆界同样受到了互联网的一系列冲击，从技术路线到服务营销的理念和工具都发生了很大变化，尤其是移动服务、社交网络的出现和迅速普及，以微信平台为依托的微营销模式的蔓延，为国内图书馆营销的实践和研究也带来了巨大变化。图书馆营销推广的研究重点也逐渐在发生变化，尤其是围绕用户和服务的图书馆营销推广研究、更关注馆员作用的内部营销研究、微信营销与网络营销以及数字图书馆整体营销推广研究等。

---

① OCLC. US public libraries: marketing and communications landscape[EB/OL]. [2019-02-27]. https://www.oclc.org/content/dam/research/publications/2018/216084_2018_Public_Library_Marketing_Report.pdf.

　　在用户营销和服务营销方面，比较有代表性的研究有：张惠梅提出在产品、服务日趋同质化的新竞争形式下，图书馆应该实施体验营销，并结合佛山图书馆的工作实践对图书馆如何实施体验营销策略做了进一步的探讨[①]。阎秋娟、韩海涛将整合营销理念引入图书馆参考咨询服务中，并提出了用户导向、产品品牌、服务成本、营销和关系营销策略等不同方面的建议[②]。刘勇借鉴波特的价值链思想，提出了图书馆读者关系管理的价值链理念，并建立了价值链模型和细分研究，创新了营销管理中读者关系管理的相关研究[③]。郑文晖、司莉从实证调查的方式入手，分析了当前国内图书馆服务营销的问题和对策[④]。卢振波等人运用营销组合理论，在借鉴了美国伊利诺伊大学香槟分校商业与经济分馆成功的服务营销实践的基础上，提出基于7P组合理论的数字图书馆服务营销策略：产品策略、价格策略、渠道与促销策略、内部营销策略、有形展示策略、过程管理策略、关系营销策略[⑤]。张翔借鉴营销管理理念，提出以SERVICE（S—Sincere真诚，E—Expert专业的素质，R—Rapid快速的反应，V—Value尊重用户需求，I—Inter-action与用户互动，C—Cooperate多方合作，E—Easy提供简便易用的学科服务与资源）为服务理念的嵌入式服务营销体系[⑥]。关志英以中国高校人文社会科学文献中心（CASHL）的服务营销为案例，总结服务营销时需要注意的7个关键影响因素，即：用户市场调研与市场细分、特定的信息产品与品牌服务、低廉的价格、金字塔形的用户培育、顺畅的渠道、公共关系管理和营销效果评估[⑦]。李书宁提出了面向Y—代用户

---

① 张惠梅. 体验营销：图书馆服务推广的新思维[J]. 图书馆杂志，2003（6）：54-56.

② 阎秋娟，韩海涛. 基于整合营销理念的图书馆参考咨询服务策略的思考[J]. 情报理论与实践，2007（5）：634-637.

③ 刘勇. 基于价值链思想的图书馆读者关系管理分析[J]. 图书情报工作，2008（1）：128-131.

④ 郑文晖，司莉. 高校图书馆服务营销现状与策略研究[J]. 图书馆理论与实践，2009（10）：94-97.

⑤ 卢振波，李武，何立民. 基于营销组合理论的数字图书馆服务营销策略研究[J]. 大学图书馆学报，2010，28（2）：79-82.

⑥ 张翔. 基于SERVICE的嵌入式学科服务营销——武汉大学图书馆学科服务探索[J]. 大学图书馆学报，2011，29（5）：73-76.

⑦ 关志英. 图书馆共建共享联盟服务营销的探索与实践——以CASHL为案例的研究[J]. 图书情报工作，2011，55（15）：85-89，132.

的大学图书馆营销策略模型，提出了营销文化、内部营销、物理和虚拟世界全面营销以及以用户喜好为中心和用户参与的营销策略[①]。刘燕提出了基于读者需求导向来定制营销，创新图书馆阅读推广服务模式的具体举措[②]。张颖等人比较了用户参与和图书馆主导的营销实践的差异，认为用户参与营销更能推动图书馆服务优化，同时也用户可以收获多重受益[③]。彭欣介绍了基于读者行为大数据如何开展图书馆精准化阅读营销[④]。

除了用户视角的营销策略，也有许多学者将重点放到了图书馆内部，提出了内部营销的重要性，以及反思图书馆营销的成本效益、管理流程等，为图书馆营销策略提供了不同的视角。孙娟提出，图书馆员的态度对于图书馆营销成败具有重要作用，并对营销态度进行了具体分析[⑤]。陆浩东、刘昆雄从图书馆信息营销的成本效益角度入手，分析了公共图书馆有形成本投入和无形成本消耗，指出了服务效果和服务效益管理对于营销管理的重要性[⑥]。韩丽风等人基于清华大学图书馆开展的一系列营销活动提出了面向馆员的内部营销和团队建设策略[⑦]。张汝昊以IFLA国际营销奖项目为例，分析了不同图书馆营销类型之间存在效能差异以及未来图书馆营销的主流趋势等[⑧]，并在其他研究中[⑨]提出了基于效能视角的图书馆营销评估体系。

---

① 李书宁. 面向Y一代用户的大学图书馆服务营销策略研究[J]. 图书与情报,2012（5）:31-36.

② 刘燕. 读者需求导向型定制营销:图书馆阅读推广的有效性研究[J]. 高校图书馆工作,2015,35（5）:90-92.

③ 张颖,苏瑞竹. 国内用户参与图书馆营销实践研究[J]. 国家图书馆学刊,2017,26（1）:57-63.

④ 彭欣. 基于读者行为大数据的图书馆精准化阅读推广营销研究[J]. 图书馆学刊,2018,40（4）:71-74.

⑤ 孙娟. 图书馆员营销态度研究[J]. 图书馆学研究,2005（12）:72-75.

⑥ 陆浩东,刘昆雄. 论公共图书馆信息营销的成本效益分析[J]. 图书情报工作,2008（1）:60-63.

⑦ 韩丽风,张坤竹,范莹莹. 面向一线馆员的内部营销与团队建设实证研究——清华大学"爱上图书馆"馆员系列活动案例[J]. 大学图书馆学报,2016,34（5）:59-64.

⑧ 张汝昊,傅文奇. 效能视角下的图书馆营销——以IFLA国际营销奖项目为例[J]. 图书馆论坛,2018,38（2）:126-134.

⑨ 张汝昊,吴鸣. 基于效能视角的图书馆营销评估方法体系构建[J]. 图书馆学研究,2018（23）:20-29.

　　网络营销、移动营销、微营销和社会化媒体营销等成为热门话题，图书馆引入微信微博服务和移动服务。陈丽冰在文章中提出了如何基于Web2.0工具开展图书馆网络营销[①]。李璐提出将PRAC法则（微博营销理念）引入图书馆服务营销，并基于此提出了新的图书馆服务营销策略[②]。周慧以我国34家省属公共图书馆为调查样本，对公共图书馆移动服务的现状进行调查与分析，提出了基于SOLOMO理念的公共图书馆移动服务营销策略[③]。樊俊豪、付禄基于SOLOMO理念［social（社交）、local（本地化）和mobile（移动）三个词的整合］提出了图书馆服务营销的应用对策[④]。刘贵玉从营销管理的不同方面对加拿大伯灵顿公共图书馆的BPLmobile营销活动进行了全方位分析，并总结出成功经验：专职营销部门、多样化的营销渠道、增强组织内部营销素养以及开展广泛的合作与支持[⑤]。王静等人比较了新媒体环境下图书馆微信营销与微博营销的差异，提出了可以通过整合运营模式、设立营销团队、细分粉丝群体来将两者进行整合，提升移动信息服务微营销的传播效率[⑥]。黄国凡等人基于WCI微信影响力指数分析了国内图书馆微信公众号影响力排名，总结出一系列微信营销策略[⑦]。王群等人提出了网络整合营销4I原则在高校图书馆阅读推广中的价值、营销要点和具体实现路径[⑧]。王聪等人提出图书馆微信公众号营销应该遵循IU（Interesting & Useful）原则，并且提出了病毒式营销、情感营销等12种微信营

① 陈丽冰.基于Web2.0技术的图书馆营销研究[J].图书馆论坛,2011,31（5）:70-72,105.

② 李璐.基于PRAC法则的图书馆服务营销策略探究[J].图书馆学研究,2012（2）:54-56,32.

③ 周慧.公共图书馆移动服务发展的SoLoMo营销策略研究[J].图书馆学研究,2012（14）:74-76.

④ 樊俊豪,付禄.SOLOMO理念在图书馆服务营销中的应用研究[J].图书馆学研究,2013（8）:13-16,85.

⑤ 刘贵玉.国外移动图书馆营销案例分析及其启示——以加拿大伯灵顿公共图书馆为例[J].图书与情报,2013（3）:36-40.

⑥ 王静,周华,周红,等.新媒体环境下高校图书馆移动信息服务微营销研究[J].图书馆建设,2013（10）:45-49.

⑦ 黄国凡,张钰梅.图书馆微信公众号内容营销策略:基于微信传播指数WCI的分析[J].图书馆杂志,2015,34（9）:91-96.

⑧ 王群,施兰花.基于网络整合营销4I原则的高校图书馆阅读推广营销策略及路径分析[J].图书馆建设,2016（9）:58-63.

销策略[①]。

此外，全媒体环境下图书馆营销渠道和营销策略也发生了很大变化，视觉营销、微电影营销、社会化媒体营销、跨界营销等概念先后出现，也带动了许多非常有创新性的实践和研究探索。司莉分析了微博营销、SNS社区营销、视频营销等营销方式的具体应用，提出深化RSS营销内容、拓展视频营销主题、拓宽媒体营销范围、拓展移动图书馆服务功能等对策[②]。秦劼以清华大学图书馆微电影项目分析了图书馆微电影营销的策略和方法[③]；李肖提出了在图书馆的馆藏排列、推荐阅读以及主题阅读设置等方面如何引入视觉营销来提升阅读体验，提供资源利用率[④]；陈俊杰等人[⑤]、常颖聪[⑥]都是基于国内高校图书馆的年度数据报告，提出了图书馆基于信息图表的视觉营销策略；王雁行基于我国47家副省级公共图书馆的营销现状调研，提出了图书馆全媒体营销发展对策[⑦]。邹金汇、柯平提出图书馆在国家鼓励文化大发展和社会力量参与文化发展的契机之下，应该大胆开展跨界营销，通过与有价值、有实力的对象进行跨界合作，拓展图书馆的价值空间，探索公共服务的新模式[⑧]。冯婷提出图书馆在新媒体生态环境下应该建立极致化、精细化营销的思路，并且应该注重社会关系的建立和新兴多元化平台的引入[⑨]。

---

① 王聪,刘春丽,王雯霞,等.基于IU原则的高校图书馆微信公众号营销策略研究[J].图书馆学刊,2018,40(3):61-65.

② 司莉,华小琴.我国高校图书馆营销新方式[J].图书馆论坛,2013,33(5):6-10.

③ 秦劼.图书馆微电影营销初探——从清华大学图书馆微电影荣获"图书馆国际营销奖"谈起[J].图书馆研究,2014,44(5):41-44.

④ 李肖.视觉营销对高校图书馆阅读推广的启示[J].大学图书情报学刊,2014,32(1):85-87.

⑤ 陈俊杰,龚晓婷,肖铮,等.基于信息图表的图书馆营销策略研究——以图书馆年度数据报告为例[J].数字图书馆论坛,2016(2):44-49.

⑥ 常颖聪,路程.大数据环境下高校图书馆数据推广内容及现状研究——以图书馆年度数据账单为例[J].图书情报工作,2018,62(19):46-52.

⑦ 王雁行.全媒体时代的我国图书馆营销现状与发展对策——以对我国47家(副)省级公共图书馆的实证调查研究为视角[J].图书与情报,2016(4):77-82.

⑧ 邹金汇,柯平.跨界创新 不忘初心——公共图书馆营销的未来[J].图书与情报,2016(5):56-61.

⑨ 冯婷.新媒介生态环境下中国图书馆新广告运动研究——以第14届IFLA国际图书馆营销奖中国项目为例[J].图书馆,2018(7):103-108.

在数字图书馆整体营销推广方面，吴俊英尝试性地运用STP营销战略理论为数字图书馆提供整体营销推广的初步规划，探析了传统的4P营销组合策略在数字图书馆营销推广中的应用，最后提出了全新的在4P基础上整合4C的数字图书馆营销组合策略[①]。姜晓曦介绍了国外数字图书馆推广研究的三种方式，总结出国外数字图书馆的推广模式：分析用户需求、配置多种类型数字资源、拓展展现形式和服务方式以及配合多种宣传途径等模式[②]。郝敏等人结合湖北省十堰市的数字图书馆推广现状进行分析，提出了地方数字图书馆推广的提升策略[③]。孟然结合国内若干家数字图书馆的推广调研，以及数字图书馆推广工程"网络书香"品牌活动的深入分析，提出当前数字图书馆推广的发展建议：专职推广人员，多元化的推广方式和渠道，社会化合作与支持，合理利用图书馆的用户资源[④]。郭炯、刘昉基于营销组合理论和标准化策略分析了现有的一些数字图书馆推广实践，然后从营销组合理论、标准化推广、新技术推广等方面提出了数字图书馆宣传推广的改进对策，同时，她们还基于数字图书馆推广工程实践提出了宣传推广标准化建设的思路——建设数字图书馆宣传工具箱[⑤]。

此外，图书馆营销的研究框架也日益丰富。比如柯平教授提出新时期图书馆服务需要新的理论指导，服务营销论也被列入理论之一[⑥]。同时，他指出图书馆与企业就不能简单对应，读者与客户不能等同，馆员与员工也不完全一样，引入理论一定要体现图书馆的独特性。刘昆雄、胡昌平从管理学视角来认识图书馆信息营销的学科属性，认为图书馆信息营销是对图书馆管理核心价值的继承和发展，是对传统图书馆管理方式的变革和创新，提出了以

① 吴俊英.整合4P与4C营销组合的数字图书馆营销策略[J].图书馆,2009(3):86-88.

② 姜晓曦.国外数字图书馆宣传推广模式研究[J].情报资料工作,2012(6):101-105.

③ 郝敏,刘顺宇.湖北十堰数字图书馆宣传推广策略初探[J].图书情报论坛,2013(3):42-45.

④ 孟然.新媒体环境下公共图书馆的宣传推广及其启示——以"网络书香"品牌活动为例[J].农业图书情报学刊,2015,27(1):64-68.

⑤ 郭炯,刘昉.国外数字图书馆宣传推广模式研究及其启示[J].图书馆建设,2016(4):62-67,73;郭炯,刘昉.基于标准化流程的图书馆宣传工具箱模式探索[J].图书馆论坛,2016,36(11):58-63.

⑥ 柯平.图书馆服务理论探讨[J].大学图书馆学报,2006(1):38-44.

信息营销为切入点的信息资源开发7S战略[①]。这些学者的研究对于推动图书馆营销理论的发展产生了积极的推动作用。李超平结合自己参与文化部基层文化队伍培训数年间所观察到的变化，强调了图书馆营销一定要"立足于目标客户，从需求出发，有明确的营销目标"[②]。宋瑞杰基于营销学家科特勒的CCDVTP模型，调研了美国公共图书馆的营销实践，并提出了我国图书馆营销的发展建议[③]。

回顾国内外图书馆营销和数字图书馆推广的研究进展，我们可以看出，图书馆营销理念和实践经验为图书馆的创新发展带了更新鲜的血液和更有竞争力的发展前景，用户营销让图书馆回归服务的根本来思考和制定服务策略，内部视角让图书馆重新审视员工的主动性和满意度对服务效果的直接影响，互联网营销使得图书馆在面对现代信息技术的挑战时更加自如。诚然，营销策略也在随着技术与用户需求在不断变化，没有哪一种策略是绝对适用的，因此，图书馆在具体实践中，应该基于图书馆营销的核心理论和成熟模型，从用户需要和现实条件出发进行选择和组配，制定最适合自身的营销策略和实施路径。

数字图书馆与传统图书馆天然具有发展与继承的关系，是相互关联密不可分的，也具有许多同质性。从营销推广的角度来看，适用于图书馆的营销理念和方法也大多都可以用于数字图书馆，但数字图书馆因其网络化、智能化、分布式、交互式等特性，在进行营销推广时需要一些特殊的策略。图书馆营销的理论与实践是数字图书馆推广的研究基础与创新源泉，尤其是如何面对当前网络化与数字化环境的挑战、充分利用新媒体渠道的优势进行营销等，与数字图书馆推广面临的问题如出一辙，因此，上述研究也为数字图书馆推广的概念和策略研究提供了理论基础。

---

① 刘昆雄,胡昌平.论图书馆信息营销的管理学特性[J].图书情报工作,2007(1):64-67;刘昆雄,李慧玲,彭备芳.图书馆信息营销与信息资源开发研究[J].中国图书馆学报,2007(2):47-51;陆浩东,刘昆雄.图书馆信息资源开发与营销的7S战略[J].中国图书馆学报,2007(5):99-103.

② 李超平.从图书馆宣传推广到图书馆营销[J].山东图书馆学刊,2014(3):78-81.

③ 宋瑞杰.美国公共图书馆的CCDVTP营销管理实践[J].图书馆论坛,2018,38(8):166-173.

第三节 数字图书馆营销推广相关理论

数字图书馆营销推广的相关研究不仅与市场营销理论关系密切，也借鉴了传播学、企业管理等学科的理论模型，并充分结合图书馆自身非营利特性和现实需求。对于数字图书馆推广而言，市场营销的战略思维和战术选择是非常有参考价值的。

所谓战略是在一定时期内保持稳定性的行动纲领；所谓战术，则是为了达成战略目标而选择的一系列具体的实施策略。对于当前的数字图书馆推广来说，许多图书馆都停留在举办一场活动或者进行媒体宣传的战术层面，缺乏整体规划和长期目标，因而推广效果难以持久或者产生一定的社会影响。本节介绍市场营销中比较常见的营销战略和策略相关理论，有利于读者建立起数字图书馆推广的全局性和纲领性的视角，也便于理解基于这些战略而开展的具体推广实践策略。其中，STP营销理论常用于市场营销战略的制定，该理论的核心内容（市场细分、目标市场选择和市场定位）是机构制定营销战略前必须开展的基础工作；营销组合理论是在具体营销活动中进行策略选择的重要理论参考，机构可以在整体的营销规划之下灵活有效地组配不同的营销策略并推动实施；而整合营销传播理论是一套比较综合的理论，兼具战略与策略视角，其理念可以用来指导宏观的营销战略规划，其框架模型可以应用于具体营销活动实践。

一、STP营销理论

STP营销是市场营销研究和应用中的一个重要理论，它包含三个要素，即市场细分（Segmentation）、目标市场选择（Targeting）和市场定位（Positioning）。基本含义是指企业需要根据某一类产品的不同需求将顾客细分成若干群体，然后结合特定的市场环境和自身资源，选择某些特定群体作为目标市场，同时根据企业的市场地位和顾客的需求差异，对产品进行市场定位，制定出针对性的市场营销战略。

STP理论中的市场细分概念是1956年由美国营销学者温德尔·史密斯

（Wendell R. Smith）提出的。市场细分是指企业应该根据自身条件和营销推广的目的，按照顾客的需求和行为差异来区分出不同的顾客群体。该理论的核心在于挖掘用户潜在需求，体现服务差异性，促进资源优化配置。每个消费群体都可以看作一个细分市场，不同的细分市场在消费需求方面存在差异。市场细分不是对产品本身进行分类，而是对面对同一种产品时需求存在差异的顾客进行分类，从而识别出不同需要的顾客的活动。进行市场细分的客观基础是同一产品的消费需求存在多样性，如果顾客对于产品的需求或者企业的营销策略反应基本相似，其实是没有必要进行市场细分的，但是这种情况极少，基本上只存在于初级产品市场，而大部分的产品都是存在着差异化的顾客需求，这也就使得市场细分成为可能。企业通过对用户群体进行细分，就可以结合不同细分市场的特征，做好产品设计、定价、推广等工作，制定系统的市场营销方案，让企业服务满足不同群体需求，增加产品销量，扩大市场影响力。

企业对于市场需求的认识和营销策略也经历了一些变化，从工业革命时期的大众化营销，到20世纪30年代经济危机时期的产品差异化营销，再到当下经济全球化发展时期的目标市场营销、定制化营销等，营销战略的变化也体现了市场环境的变化。用户需求也会随着市场环境的变化而变化，市场细分也就随之变化，所以说市场细分的价值就在于能够在不同的市场环境下，快速捕捉到顾客的需求，发现市场机会并做出针对性营销，从而能够提高自身的竞争力。

STP营销的第二个步骤是选择目标市场，首先要对不同的细分市场进行评估，综合考虑不同细分市场的规模和增长性、结构特点以及与自身资源的匹配度，然后选择目标市场战略。STP营销的第三个步骤是市场定位。这个概念是20世纪70年代由美国学者阿尔·里斯（Al Ries）提出的。他认为要对企业的产品和形象进行设计，从而使其在目标顾客心中占有一个独特位置。企业可以根据其在市场上的位置，针对顾客对企业所提供产品或者服务的某种特征属性的重视程度，塑造出本企业与众不同的、鲜明的个性或者形象，并把这种形象生动地传递给顾客，从而使得本企业在市场上确定适当的位置。市场定位非常重要，因为它决定着产品或者机构的形象价值，也引导着企业产品或者服务的整体推广方向。因此，市场定位不仅有利于建立企业及产品的鲜明特色，同时也是企业制定市场营销策略的基础，明确了市场定位，才能选择与之相适应的各种营销推广策略来有效地向用户进行信息传达和沟通。

　　STP营销理论是较早被引入图书馆领域的营销理论，对于图书馆来说，市场细分其实就是对我们的读者群体需求进行分层，是因此早期许多学者就引入了市场细分的理论来识别用户的需求差异。随着近年来互联网技术的发展，数字图书馆进入了网络化、智能化和知识化服务时代，网络信息爆炸式增长，信息来源日益多元化的时代，文化需求更加多元和动态变化，用户对于个性化和差异化服务的需求更加凸显。图书馆尤其是数字图书馆的用户规模不断扩大，用户群体日益细分，引入市场细分能够让我们更加明确目标用户群体，同时结合不同群体用户的需求特征来提供更有针对性的深层服务，提高用户满意度。而市场定位就是我们通常理解的品牌设计和形象包装，许多图书馆或者数字图书馆非常重视Logo设计和通过朗朗上口的服务标语来宣传自身的宗旨，这与市场定位的概念是不谋而合的。而在开展数字图书馆推广时，用户细分和目标群体定位能够让所制定的推广方案更加有的放矢，从而更快速锁定目标用户，实现精准投放和精细化服务，提高推广和服务效率。

　　许多国内外图书馆界学者结合STP理论框架的研究，提出图书馆在做营销推广前，也应该首先对用户群体进行细分，再根据自身的条件和目标锁定目标用户群，最后根据自身资源和服务的特征针对目标用户确定服务定位，从战略层面为图书馆营销推广做出整体规划。在具体操作时，美国学者戴博拉·李（Deborah Lee）认为，在进行市场细分时，细分的原则取决于图书馆的性质，如：公共图书馆可以按照地理位置或学历、年龄等因素划分目标用户；学校图书馆按照本科生、研究生、教职工来划分，或者按照校园用户、远程用户来划分用户，也可以按照不同专业等维度切分目标用户[①]。不管按照什么原则，市场细分的关键就是将用户群体按照一定的维度切分成有意义的、同质的小群体。国内学者吴俊英在研究了数字图书馆的市场分层后，提出了"机构消费者市场"和"个人消费者市场"的概念[②]。对于机构消费者市场，可以根据用户性质划分为高校、科研院所、公共及专业图书馆、政府部门、企事业单位，在每个类别之下还可以按照规模大小、所属行业等标准进一步细分。对于不同的

---

　　①　LEE D. Marketing 101: iPod, you-pod, we-pod: podcasting and marketing library services[J]. Library and leadership management, 2006, 20(4): 206-208.

　　②　吴俊英. 整合4P与4C营销组合的数字图书馆营销策略[J]. 图书馆, 2009（3）:86-88.

细分市场，数字图书馆可以分析其用户规模、用户需求、偏好、价值等信息，判断该市场的潜力和发展方向，在此基础上选择适合自身的目标市场，并针对该目标市场潜在用户的心理选择合适的产品进行定位。腾广青等人以概念格理论为基础，借助市场细分的变量，对数字图书馆用户进行市场细分，最大限度地反映了用户个性化的需求特征与偏好，对数字图书馆营销中把握用户需求方法进行了有力拓展[1]。从本质上讲，市场细分原则在图书馆环境下的应用就是根据用户的特点、阶层、信息需求等进行用户分类，为不同用户提供个性化的服务。

而在谈到市场定位时，米佳和耐斯塔指出图书馆在人们心目中的形象不应该仅仅是"书"，而是"信息"，与 Amazon、Google 等网络书商、信息提供商相比，图书馆应该侧重于自己实体空间的特点，定位为一个集阅读、学习、讨论、信息搜索于一体的多维空间[2]。同样，施密特在《在 Google 时代推广图书馆服务》一文中将图书馆定位成一个集线上、线下于一体的综合性信息服务场所，为数字图书馆的营销推广找到了很好的切入点[3]。国内方面关于品牌营销的策略的研究主要借鉴国外成功经验，策略提出的相对更具体，卢振波等人借鉴了美国伊利诺伊大学香槟分校商业与经济分馆成功的服务营销实践，提到了数字化服务产品的品牌化策略，比如设计专门的 Logo、提出专门的服务命名、在网站创建名牌栏目等[4]。武克涵等等介绍美国威斯康星州公共图书馆联盟（WPLC）专注于电子书借阅平台业务发展，建设品牌效应的成功实例，阐述了数字图书馆开展品牌营销最重要的一点是结合自身优势，建立特色项目，塑造品牌文化，为我国数字图书馆的品牌建设提供了很好的借鉴[5]。

---

① 腾广青，毕强. 基于概念格的数字图书馆用户市场细分——数字图书馆用户的概念聚类分析[J]. 现代图书情报技术，2010（2）：8-11.

② MI J，NESTA F. 向网络一代营销图书馆服务[C]//上海图书馆. 管理创新与图书馆服务：上海国际图书馆论坛论文集. 上海：上海科学技术文献出版社，2006：178-187.

③ SCHMIDT J. Promoting library services in a Google world[J]. Library management, 2013, 28(6/7): 337-346.

④ 卢振波，李武，何立民. 基于营销组合理论的数字图书馆服务营销策略研究[J]. 大学图书馆学报，2010（2）：79-82.

⑤ 武克涵，邓菊英. 美国威斯康星州公共图书馆联盟建设探析[J]. 图书馆建设，2015（5）：37-40.

STP营销理论的核心在于对目标市场进行细分，主要适用于企业营销的前期战略规划阶段。这一理论在图书馆营销推广的应用中，已经渗透到用户细分与研究、策略选择与评估、形象设计等各个环节，将用户按照一定维度切分成同质的小群体，通过分析小群体特征为后续营销策略的制定及评估提供决策参考。

二、营销组合理论

"营销组合"的概念最早是由美国哈佛大学教授鲍敦（N. H. Borden）于1964年提出的，也称为营销策略组合，是指营销人员综合运用并优化组合多种可控因素，以便实现其营销目标的活动的总称。后来麦卡锡把这些可控因素概括为四类，包括：产品（Product）、价格（Price）、地点或渠道（Place）和促销（Promotion），并进而形成了现代市场营销学中的4P理论。而科特勒给营销组合的定义是：公司用来从目标市场寻求其营销目标的一整套营销工具[①]。营销组合还可以理解为企业针对目标市场的需求状况对自己可控的各种营销手段进行优化组合和综合运用，从而使各种策略之间协调配合，扬长避短，从而更好地实现营销目标。

对应4P理论，营销组合的四个基本策略分别是产品策略、价格策略、分销渠道策略和促销策略。这些策略各自可以作为一个独立策略实施，每种策略又由多种因素构成，可以独立实施。每一种因素的变化可能会影响到其他因素，从而也会产生新的策略组合。4P理论更适合传统的以生产性企业为中心的市场营销策略，但以无形产品营销为主的服务业有其特殊性，因而在发展中又在4P之外扩展了人员（People）、有形展示（Physical evidence）和过程（Process）三个要素，从而形成了服务营销的7P组合。

1990年美国营销专家劳特朋（Robert Lauterborn）在4P理论基础提出了营销的4C理论，它以消费者需求为导向，重新设定了市场营销组合的四个基本要素，即顾客（Customer）、成本（Cost）、便利（Convenience）、沟通（Communication）。进入新世纪，美国学者唐·舒尔茨（Don E. Schuhz）在4C理论的基础上提出了4R理论，即关联（Relevance）、反应（Reaction）、关系

---

① KOTLER P. Marketing management: analysis, planning, and control[M]. New Jersey: Prentice-Hall, 1967.

（Relationship）、报酬（Reward）。4R理论以关系营销为核心，重在建立顾客忠诚度。4P、4C、4R是现代经典的营销理论，它们相互促进发挥作用，甚至可以有机地加以组合。

营销组合理论是图书馆营销推广策略与实践的重要理论基础，4P或者nP、4C、4R等理论虽然指代内容存在差异，但其变化的基础其实都是源于机构自身的特点和不同的发展侧重点，实际工作中进行策略组配的核心还是用户需求和发展目标。

早在20世纪80年代就有很多图书馆试图将营销组合理论引入图书馆领域，并作为营销绩效考核指标。克鲁特和白彻勒[①]、欧文斯[②]等人都在文章中阐述了4P各要素在图书馆环境中的对应关系。文甘德甚至建议将图书馆的4P扩展到6P，增加了"营销审核"（marketing audit，作为营销组合的前奏Prelude）和"评估"（evaluation，作为营销组合的最后环节Postlude）两个元素[③]。在7P理论的指导下，伽鲁佛罗等人建议图书馆要提供优质的服务产品（Product），采用用户喜闻乐见交流方式和渠道推广（Promotion），关注个人行为及需求（People），注意环境对用户满意度的影响（Physical evidence），尽可能采用自动化、自助的工作程序（Process），必要时对服务内容收费（Price）[④]。国内研究方面，盘美英结合4P理论提出了数字图书馆的信息营销机制框架，包括静态构成、动态构成和实施步骤等[⑤]。刘岩岭在其硕士学位论文中重点研究了公共图书馆的营销策略，在深入分析各项营销组合理念后，提出了4P+4C+4R的组合营销策略[⑥]。卢振波等人提出了数字图书馆营销的7P组合策略：产品策略、价格策略、渠道与促销策略、内部营销策略、有形展

① COOTE H, BACHELOR B. How to market your library service effectively[M]. London: Aslib, 1997.

② OWENS I. Marketing in library and information science: a selected review of related literature[J]. The Acquisitions Librarian, 2003, 14(28): 5–31.

③ WEINGAND D E. Marketing of library and information services[J]. Library trends, 1995, 43(3): 289–513.

④ GAROUFALLOU E, SIATRI R, ZAFEIRIOU G, et al. The use of marketing concepts in library services: a literature review[J]. Library review, 2013, 62(4/5): 312–334.

⑤ 盘美英. 数字图书馆信息营销机制研究[D]. 湘潭: 湘潭大学, 2008.

⑥ 刘岩岭. 我国公共图书馆营销研究[D]. 保定: 河北大学, 2008.

示策略、过程管理策略、关系营销策略[①]。

　　开展数字图书馆推广与企业进行市场营销类似，由于我们要满足不断变化的用户需求、实现不同阶段的发展目标，因此在进行营销推广战略选择的时候，不能孤立考虑单一手段，必须从各方面需求和内外部环境出发，综合自身的资源和现实条件，选择最适合的营销工具或者营销手段进行整合，也就是我们说的营销组合战略。营销组合战略提高了营销推广工作的灵活性，因为组合是可以根据不同的环境和现实条件进行变化和动态调配的，但同时，也要注意各种手段和要素的整体性，不是简单的拼凑，而是相互协调和互为补充，能够取得大于局部功能之和的整体效应。

三、整合营销传播理论

　　整合营销传播（IMC，Integrated Marketing Communications）这一概念是由美国西北大学教授唐·舒尔茨最早进行系统研究的，他在自己的著作《整合营销传播》[②]中详细阐述了企业整合营销传播的策略、方法和效果评估等内容。舒尔茨教授所下定义是：整合营销传播是指企业对自身产品和服务相关的所有信息进行管理的过程，其目的是为了使消费者或者潜在消费者购买企业的产品或者服务并且一直保持着消费者忠诚度。该定义强调了顾客导向，同时也明确了品牌与顾客之间的关系。实际上，在后续学者的研究中，整合营销传播不仅强调顾客导向和渠道的重要性，同时还强调了在实施整合营销传播过程中的可测量性，以及营销传播的战略意义。因此，我们可以认为整合营销传播是以受众为导向、战略性地整合各种营销渠道、注重对绩效的测量以达到与顾客建立长期品牌联系的观念和管理过程。

　　广义的整合营销传播是指组织借助各种媒介或其他接触方式与员工、顾客、其他利益相关者以及普通公众建立建设性的关系，从而建立和加强与他们之间互利关系的过程。狭义整合营销传播是指利用各种传播方法，把组织原有的广告、促销、公关等传播活动都涵盖在营销活动范围内进行整体规划，统一

---

　　①　卢振波,李武,何立民.基于营销组合理论的数字图书馆服务营销策略研究[J].大学图书馆学报,2010(2):79-82.

　　②　舒尔茨.整合营销传播[M].北京:中国财政经济出版社,2005.

传达给消费者。整合营销传播的中心思想是以通过组织与顾客的沟通，满足顾客需要的价值为取向，确定组织统一的传播推广策略，协调使用各种不同的传播手段，发挥不同传播工具的优势，从而实现组织与受众的良好互动，实现组织营销的低成本、高效率。

整合营销传播包含五个要素：整合营销传播既是一种观念又是一个过程；受众导向行为；对多种营销渠道的综合运用；注重与顾客建立长期的互动的品牌关系；注重对于传播效果的测量。李朝晖（2010）认为新媒体环境下图书馆服务具有整合性和交互性，整合营销传播策略非常适合这种特点，在图书馆推广中应该注意接触管理、追求协同效应并且实现双向沟通等[①]。黄付艳（2012）则基于整合营销传播理论的特点，提出了基于IMC的图书馆营销策略：建立用户资料库系统开展用户研究、通过用户关系管理开展有效沟通、组合多种营销手段达到传播目标等[②]。

对数字图书馆推广而言，数字图书馆的整合营销传播活动是向公众传播一种文化理念，对数字图书馆进行品牌推广，同时应以公众需求为导向进行拓展，通过广告、公共关系、社会活动等传播渠道树立数字图书馆品牌形象，实现以社会公众、数字图书馆现有用户、相关机构、数字图书馆从业人员之间的良性互动，并且还要注重对活动参与者的评估反馈，对数字图书馆推广活动的效果进行测量。

---

① 李朝晖. 新媒体视阈下图书馆服务的整合营销传播[J]. 新闻爱好者,2010(14):29-30.

② 黄付艳. 基于整合营销传播理论的图书馆服务营销策略探讨[J]. 科技情报开发与经济,2012,22(9):46-48.

第二章　数字图书馆推广原理

数字图书馆推广是全方位的，从理念的普及到品牌形象的打造，从用户需求的细分和深挖到资源与服务的完善和个性化包装，从推广策略的组合利用到活动的策划实施，都是数字图书馆推广的范畴。这样一个系统工程的推进，需要理论指导和科学规划。本章将对数字图书馆推广从功能、特点、要素构成以及机制建设等角度进行全面解析。

第一节　数字图书馆推广的功能

数字图书馆推广是由数字图书馆的实施机构基于用户需求和自身发展而开展的一系列推广活动的统称，也包括开展这些活动前进行的推广战略规划和推广策略选择等工作。除了最常见的为了提高数字资源或者服务利用率而开展的推广活动以外，数字图书馆推广还具有多重的功能，包括对于单个图书馆而言的用户关系管理、机制创新等方面的促进，还包括对于全行业的发展和全社会公民素养的推动。具体来说，数字图书馆推广的功能包括以下四个方面。

一、增进用户认知与情感互动、提高数字图书馆的服务效能

按照整合营销传播的思想，用户对企业品牌的认可度、与服务者之间的良性关系都会直接促进企业产品的销量提升，数字图书馆推广也不例外。通过对用户需求的把握和个性化互动，能够有效增进图书馆与用户之间的关系，提高用户对于数字图书馆的认知也将促进用户使用数字图书馆的资源和服务。在推广的策略制定及评估等环节引入用户参与，还将提高用户的信任度和主动性，

有助于数字图书馆改善服务、提高资源利用率和服务效能。

二、实现资源的有效配置、创新数字图书馆发展机制

推广很重要的目的就是要盘活资源，提高效能。尽管数字图书馆是公益性的，其经费大多来源于国家拨款，但是随着近年来国家大力提倡公共服务的供给侧改革，加强公共事业的绩效考核，数字图书馆同样面临着建设成效评估、资金申请的压力。数字图书馆推广不仅能够通过营销推广手段的引入来更新建设与服务理念，提升自身的工作效率，同时也是开展创新的好机会。许多图书馆将营销推广的理念应用于数字图书馆的全流程管理，实现了图书馆资源以用户为中心、以市场为导向的更加合理有效的流动，推动了数字图书馆管理机制的创新和发展。

三、提升国民文化和信息素养、加强网络环境下文化的主导权

互联网和信息技术的发展使得人们获取信息和资讯的主要渠道来源于网络，民众的文化鉴赏和信息素养能力的高低决定着所获取信息的优劣、所接受价值导向的正确与否。因此，加强网络文化的建设与推广是发展社会主义先进文化、加强网络环境下文化的主导权、满足人民群众多元文化需求的迫切需要。而数字图书馆推广一方面就是要将数字图书馆所建设的优质文化产品和服务推广开，打造具有广泛影响的互联网文化品牌，发挥新媒体环境下图书馆的文化优势。另一方面，数字图书馆推广有助于增强国民文化素养和信息素养，使他们具备一定的文化鉴赏和信息筛选能力，从而能够充分利用互联网的优势获得更高质量的文化和信息产品，接收更积极正向、优质的网络资讯，营造更加健康、绿色和高品质的网络环境。

四、促进先进经验共建共享、提升数字图书馆整体竞争力

数字图书馆是图书馆建设的前沿领域，也是图书馆最具生机和活力的领域。加强数字图书馆推广的研究和实践，有利于全国范围内的先进经验分享和交流，促进相互学习，共同进步，同时也有利于推动多元合作推广，形成更大范围内的品牌优势，整体提升数字图书馆的品牌认知度和社会影响力，增强数字图书馆的活力与网络竞争力。

第二节　数字图书馆推广的特点

数字图书馆推广是数字图书馆建设的一环，因此也延续了许多数字图书馆的特点，如社会公益性、技术依赖性等，但与其他业务工作相比，推广工作又具有一些独特性，比如用户导向性、教育性、实践性等。

一、社会公益性

推广是有成本支出的，不仅包括人员成本，还包括物质和资金成本。一般的市场推广主体肯定是要追求商业利益的，以便能够补偿其推广成本。而数字图书馆本身的公益性决定了数字图书馆的推广尽管有目的性，但是并不是为了追求商业利益，而是为了让已建设的资源或服务被更多的用户所了解和使用，提高数字图书馆的社会影响力和服务效能，因而数字图书馆推广具有社会公益性。

二、用户导向性

数字图书馆推广的过程即发现用户需求、推介针对性产品或服务、满足需求并实现推广目标的过程，因而用户需求是推广工作的起点，而满足用户的需求也是推广的重要目标，因而用户是数字图书馆推广的最关键因素，以用户需求为核心也是数字图书馆进行管理创新、服务创新的巨大进步，是从被动服务到主动推广的重大转变。用户导向性一方面体现在数字图书馆的推广要基于用户的需求和行为倾向性进行相应的设计，在细分市场的基础上充分了解读者的差异化需求，然后通过针对性的推广活动，匹配或者满足用户的个性化需求，同时，在推广过程中要注重加强与用户之间的联系与互动，提高用户对数字图书馆的认知和使用技能，发挥用户的积极性，及时搜集用户对于推广工作的评价和反馈，从而及时调整数字图书馆的工作，完善数字图书馆推广策略。

三、技术依赖性

无论是数字图书馆还是推广都对技术有着非常严重的依赖性。数字图书馆推广的内容是其产品和服务，而这些产品和服务是互联网与信息技术综合应用的产物，对于技术有着天生的依赖性，而这也决定了数字图书馆的推广也必须要考虑其技术性，并有针对性地选择推广策略。此外，传统的信息传播环境中，图书馆是信息交流和传播的重要一环，而新媒体融合的环境下，图书馆的地位已经严重被削弱，因此图书馆必须要注重在新的技术环境下扭转推广理念和推广策略，充分利用新技术的优势来确保用户能够了解自身的服务和内容优势，提高自身服务和产品的吸引力。

四、教育性

公益性推广活动的本意就有教育的目的，是带有倾向性的，希望通过推广活动来提高用户认知、传播知识或者理念、普及某种技能。对于数字图书馆推广来说，推广者常常在推广中扮演着传播者或者培训师的角色，通过对推广对象进行理念宣传和知识普及，使其对数字图书馆或者其产品和服务有更全面的了解，同时有些推广还会涉及文化普及、信息或者网络素养的提升，提高用户的数字图书馆使用技能。

五、专业性

数字图书馆推广的专业性一方面体现在对推广者的素质要求，需要具备专业的营销推广意识和专业技能，如信息服务学、传播学、营销学等学科的专业知识和方法，这样才能制定更加科学、有效的推广策略，同时推广的实践常常都包括了环境分析、用户调研、明确推广内容和渠道、组织实施和评估等步骤，需要实施者有足够的专业技能完成。另一方面，推广对象需求和专业背景的差异也决定了推广内容的差异性和专业性。面向不同的专业用户、同一类用户在不同场景下的信息需求差异，所实施的推广策略也都不同，都存在一定的专业性。

六、实践性

推广是一项兼具专业性和实践操作性的工作，推广策略的制定、推广计划的实施都需要综合现实经验和既有条件才能够更加可行和有成效。归根结底，数字图书馆推广是要将推广策略落实到具体的工作和活动中去，实际执行过程会受到人员、场地、设备、资金等各种现实条件的限制，因此在策略和计划的制订时要充分结合其实践性特点来考虑操作细节、现实可行性等内容，提高策略和计划实施的效果。

第三节　数字图书馆推广要素解析

参照信息服务学的要素理论，我们将数字图书馆推广从四个方面来进行结构解析，也就是数字图书馆推广主体、推广对象、推广内容和推广策略。这四方面的要素具有各自独特的作用和价值，同时又是相互联系、彼此作用，是数字图书馆推广的不可分割的组成部分。

一、推广主体

数字图书馆的推广主体是指数字图书馆推广工作的行为主体，也是各种推广策略方案的制定和执行者。此处我们研究的是公益性的数字图书馆推广，而非带着商业盈利目的市场推广活动，因而数字图书馆的推广主体一般就是指负责数字图书馆建设或者服务的某个部门，又或者是某个专门负责推广工作的机构或者组织。

推广主体是数字图书馆推广的主导者，对推广工作的整体方向和实施过程负有直接责任，因此推广主体自身的推广意识和业务素养也决定着推广工作的质量和效果。而推广主体又可以进而细分为推广决策者和推广实施者。决策者对于推广工作重要性的认识影响着推广工作可能获得的支持力度。一般来说，数字图书馆推广的决策者有图书馆的管理者、上级主管经费的相关部门等。实施者又可以按照推广工作流程再进行细分，比如用户研究、数据分析、策略制定、项目实施和监督评估等不同的人员，理想的状态是由一个专业的推广团队来组成，团队成员各司其职，各有专长。但是目前的图书馆中，大多数的工作可能都是由一个或者几个人承担，并且可能还兼任其他工作职责。

二、推广对象

一般来说，数字图书馆推广的对象主要是数字图书馆的用户，通过前面的分析我们了解到，数字图书馆建设的决策者和馆员有时候也是推广的对象，因为他们的意识会直接影响着数字图书馆的建设与服务。此外还有研究者认为，媒体也是图书馆宣传推广的对象①，因为这些对象对于数字图书馆宣传推广的效果产生直接或间接的影响。相比较而言，数字图书馆推广的首要目标是将数字图书馆的理念、资源与服务推送到终端用户去，因此更关注直接使用数字图书馆资源与服务的终端用户，这也是数字图书馆推广的主要对象。

　　数字图书馆用户群体极其广泛，构成复杂。研究数字图书馆用户信息行为和规律，可以从用户的各类属性对用户群体进行分类，了解用户需求的特点，进而调整和改善数字图书馆的服务方式，使其开展的服务更具针对性和主动性。因此，在制定数字图书馆推广策略之前，对用户需求进行调研是非常重要的工作，而用户调研中常见的就是对用户群体特征、信息需求、信息行为的分析，以及用户需求和行为的影响因素分析。对于数字图书馆推广而言，用户这一推广对象受信息技术的影响非常大，信息环境、数字出版模式等一旦发生变化，用户的行为和需求就会呈现出新的特点，数字图书馆推广也将面临策略的变化，以便能够适应信息社会用户对信息获取及交流的需求。向用户推广的过程实际上也就是捕捉需求并进行匹配、进行推介相应的资源与服务的过程。

　　用户信息行为是用户为了满足某一特定的信息需求（如科研、生产、管理等活动中的信息需求），在外部作用刺激下表现出来的获取、查询、交流、传播、吸收、加工和利用信息的行为②，具有较强的自主性和主观性。由于图书馆用户需求、使用目的及获取信息的能力因人而异，因此存在不同的信息行为类型。胡昌平认为，用户的信息行为按照过程的不同和活动的区别，可以分为信息需求的认识与表达行为、信息查寻行为、信息交流行为、文献与非文献信息感知行为、信息选择行为、信息吸收行为、信息创造行为③。熊菊敏等人则根据图书馆用户的不同信息需求，将图书馆用户信息行为分成3种类型，即浏览和检索行为，查寻行为，获取或借阅、吸收行为④。

---

　　① 张正. 公共图书馆媒体推广研究——以上海图书馆和深圳图书馆为例[D]. 广州：中山大学，2010：3-5.

　　② 胡昌平，乔欢. 信息服务与用户[M]. 武汉：武汉大学出版社，2001.

　　③ 胡昌平. 信息服务管理[M]. 北京：科学出版社，2003.

　　④ 熊菊敏，喻华林. 高校图书馆用户信息行为研究述略[J]. 科技管理研究，2007（12）：152-153.

用户信息行为与需求往往是相互联系、彼此促进的。数字环境下，用户通过互联网、广电网、移动通信网，通过手机、数字电视、平板电脑等多种载体来获取资源，其对信息资源的需求就向着多媒体化转变；同时，技术带来的无限可能也加速了用户对于主动性和互动性的需求，更希望主动地创造信息、反馈信息，希望参与到数字图书馆的各项建设中；新兴的移动终端彻底改变了用户信息检索、信息交流及获取知识的方式，把图书馆服务带到了一个新的时代。

除用户以外，决策者和馆员也是数字图书馆推广的对象之一。数字图书馆推广活动通常需要一定的资金和资源保障，需要图书馆决策者的支持才能得以实施；而数字图书馆馆员作为推广活动的执行者，他们对推广工作能否理解和支持将影响着推广工作的效果；同时，馆员也是与终端用户直接交互的窗口，对于用户的需求和行为特征有着长期的观察和实践经验，可以对推广策略提供意见和建议。

此外，媒体是数字图书馆推广的途径之一，借助媒体可以将数字图书馆宣传工作推到更广泛的社会群体中，同时媒体也一定程度上扮演着推广对象的角色，只有他们接受和认可了数字图书馆推广的内容，才会对其进行主动和大范围的宣传报道，扩大传播效应。

三、推广内容

推广内容因推广对象和推广目的的不同而有所不同，可能是数字图书馆的资源、服务或者馆员，也可能是将数字图书馆整体进行推广。一般来说数字图书馆的推广内容大致包括如下一些方面：数字图书馆的品牌定位和事业形象、数字图书馆的概况、数字图书馆的资源和服务等。

形象定位包括数字图书馆的功能、宗旨、服务理念等，加强形象的推广有利于建立积极正面的品牌认知，提高社会影响力，从而为争取更多的发展支持奠定基础。数字图书馆的概况包括整体的建设规模、目标群体、自身优势以及基本的使用指南等，加强这些信息的推广有利于读者了解和使用数字图书馆。资源方面比较常见的就是介绍数字图书馆的各类型资源，比如电子书、期刊或者音视频数据库等资源的收录范围、检索技巧、专题推介等。对资源及其使用技巧的掌握是用户信息素养的重要组成部分。加大这方面的推广，不仅有利于提高资源的利用率，同时也有利于提升用户的文化和信息素养。服务方面比较常见的有虚拟参考咨询服务、文献传递服务、无障碍服务、移动终端服务、数字电视服务等。服务常常是与资源紧密结合的，因此资源和服务的推广也常常是组合进行的。

四、推广策略

此处的推广策略既包括宏观层面更系统和长远的推广战略定位，也包括具体实施层面的策略组合。宏观层面的战略定位决定着整体推广工作的方向和长远发展，因此具有举足轻重的作用，要跟数字图书馆整体的战略发展相适应、相结合，具有一定时期内的稳定性，但也会根据整体发展进行阶段性调整。

数字图书馆的推广策略更加灵活，一般来说可以是某个项目或者某次活动所采取的具体策略，包括确定活动的推广目标、选择和组配具体的宣传方式和推广媒介，以及推广计划的具体实施安排等。前面我们介绍过的4P、4C、4R等营销推广的几种策略都是比较常用于数字图书馆推广的，大多数的推广实践都是结合自身的特点进行某一种或者几种策略的选择。

常见的宣传渠道包括传统的宣传方式如海报、宣传栏、展览、竞赛、讲座、培训等，也包括新媒体宣传方式如网络游戏、微视频、社交媒体互动等，而宣传的媒体除了传统的纸媒，还包括网站、互联网电视、微博、微信、视频互动媒体等更加贴近网络用户习惯的新媒体渠道。

五、要素之间的关联分析

对于数字图书馆推广来说，推广对象是中心和工作的出发点，推广内容是现实基础和品质载体，推广策略是实现路径和工具，推广主体则是连接要素的纽带和核心生产力，这四个要素彼此独立，各自发挥着独特的作用。与此同时，这四个方面的要素又是紧密联系、相互衔接和作用的。推广对象的需求和行为由推广主体所搜集和分析，同时要根据其需求和行为的特征来选择推广内容，确定推广策略，进而实施推广行为，而推广主体的专业度和推广内容的质量又将影响着推广策略的选择和制定，推广策略的不同也将直接影响着推广对象的体验和评价，决定着后续推广策略的调整。因此，数字图书馆推广就是以推广对象为导向，以推广内容为基础，以推广策略为保障，以推广主体为纽带，多要素有机衔接、彼此作用的活动总和。

第四节　数字图书馆推广机制建设

数字图书馆推广的机制建设是确保推广工作能够高效、持续发展和完善的重要保障，良好的机制更能够适应复杂多变的外部环境，使数字图书馆推广摆脱低效、重复和闲散的状态，成为一个科学组织、有序运行的有机体。

一、组织机制

组织与领导是数字图书馆推广顺利实施的关键，因为推广是一项综合性的工作，设计的目标范围、类型和层次都存在一定的复杂性，无法依靠单一的人员来完成，因此，一定的组织机制保障才能让数字图书馆推广顺利实施。组织机制既包括数字图书馆推广工作的领导和决策机制，也包括具体实施层面的人员团队保障。好的组织机制不仅包括专门的推广机构设置，还包括具备专业推广素质的推广实施者，以及更高层面上的专业团体或者行业组织来规范全行业的工作。

二、保障机制

保障机制主要指的是经费和其他各方面资源的保障，包括项目实施过程中所需的硬件成本支出、人员费用，也包括场地、宣传等方面的经费支出，以及在推广中所涉及的相关资源的调用。

在我国，数字图书馆推广的常见经费来源是机构的宣传经费或者数字图书馆建设经费，许多图书馆的推广经费都是服务经费的一部分，也有一些是来自于商业赞助。由于推广工作还未能得到足够的重视，所以许多图书馆根本没有专项的推广经费，在整体经费紧张的情况下，常常会先压缩推广经费，所以推广活动的延续性也很难保障。因此稳定和持续的保障机制是数字图书馆推广工作取得成效的重要条件。

三、评估反馈机制

数字图书馆推广的评估和反馈机制对于其改进推广策略、提高推广效率至关重要，机制的存在可以使这项工作成为一项常态，推进数字图书馆推广的规范化和日益完善。好的评估反馈机制不仅包括推广策略实施后的效果评估和满意度评估，还应该注重服务过程中的用户体验评估和反馈的收集，这样一方面可以及时进行调整，同时也避免到了后期常常会忘记实施该策略的初衷。推广策略实施后的评估还要注重对整体实施效果的评估，跳出具体工作从更加宏观的角度来回顾整个过程，更容易发现问题和调整方向。

数字图书馆推广评估反馈机制应包括组建评估小组、确定评估指标、评估实施与结果反馈等。评估可以是自评，也可以引入第三方进行更客观的评估。常见的评估内容可以包括资源和服务利用率的变化、用户满意度、图书馆形象等推广效果评估以及推广方案、推广策略、推广成本等内部管理评估。

第三章　数字图书馆推广模式

数字图书馆是图书馆在网络信息时代适应社会需求的一种新的发展形态，其营销推广的迫切性较传统图书馆更加强烈，模式也更加多样化。数字图书馆推广更加注重用户需求，致力于提供个性化服务，与用户建立长期关系；数字图书馆推广更加需要打造自身的特色业务，建立品牌效应；数字图书馆推广方式更加灵活，可以充分利用现代信息工具，开展全方位的推广与渗透；数字图书馆更加注重馆员在营销中的作用，注重与用户互动，重视用户参与，在互动交流中体现图书馆价值和信息。

在长期的图书馆建设与服务实践中，人们其实已经在有意无意间遵循了一定的营销规律，而研究和分析这些实践模式的特点，既是对理论的一种现实验证，也有利于对已有理论模型的经验推广。纵观国内外图书馆的推广实践，许多推广实践的主体并没有明确地划分为传统图书馆和数字图书馆，有些传统图书馆的项目推广了数字资源和新媒体创新服务，还有一些是针对传统图书馆开展的推广，但其方法和模式同样对数字图书馆适用，此处将这些项目也都作为数字图书馆的推广实践进行考察。

综合参考前述图书馆营销推广战略与策略相关理论，我们将国内外的数字图书馆推广实践按照品牌推广、用户推广、产品推广、渠道推广和内部推广等几类模式来分别进行介绍。

第一节　品牌推广

前面提到的STP营销战略是基于用户细分来确定企业或者产品的目标，然后进行针对性的市场定位和品牌设计，也就是我们这里所说的品牌推广策略。

好的品牌设计可以使自身的形象有别于其他同类产品或者服务，具有独特、鲜明的个性和形象，对于提升用户认知、开拓市场具有重要的战略意义。除此之外，整合营销传播理论也认为营销传播不仅是一个过程，更是一种观念的传达，要注重与用户之间建立起长期互动的品牌关系，其实也强调了品牌的确立和推广对于取得营销推广成效的重要性。因此许多学者在研究图书馆营销推广时，都提出了图书馆品牌营销推广的策略，认为一个成功的品牌定位能够为图书馆建立竞争优势，在读者心目中树立鲜明的标签和认知。

成功的数字图书馆推广，首先要能够在用户心目中树立鲜明的、独特的品牌个性与形象，使用户对数字图书馆建立起信任和一定的认知，才能逐步有意愿或兴趣去使用数字图书馆。与传统图书馆相比，数字图书馆具有许多优势，比如信息查找、获取和文献传递更加及时和便捷，信息获取的成本更低，信息量和阅读体验更丰富，服务更加个性化和智能化，等等。因此，在图书馆内，数字图书馆很容易建立起自身的品牌优势。但就目前的信息服务市场来看，数字图书馆的竞争其实并不在图书馆内部，而更多来自于网络搜索引擎、商业化信息服务等，因此数字图书馆的品牌策略还需要更进一步明确，找准自身的市场定位，比如可以根据自身产品特点考虑塑造公益性、权威性、高品位等品牌形象，从而与其他商业化产品形成鲜明反差。同时还可以通过醒目或者简洁明了、朗朗上口的标语和Logo来增加自身的辨识度，加深用户记忆。

一、理念推广

为了树立品牌形象，有些图书馆会提出比较鲜明的服务定位，突出该数字图书馆个性化的核心服务理念，通常还会提出一个简明易懂、朗朗上口的宣传标语，从而提高数字图书馆的辨识度，也就是我们所说的理念推广。例如：美国图书馆协会（ALA）很早就申请批准了一个注册商标"@Your Library"，目的在于联合全世界的图书馆用统一的方式和一致的行动，向全世界宣扬新时代的图书馆。而这个品牌标识也会出现在其组织的各项活动中，最终使得他们的项目获得了美国公众的支持和全美当地图书馆的拥护。我国的文化和旅游部、财政部联合实施的数字图书馆推广工程，建设初期将其核心内容概括成"一库一网三平台"，这个口号可以使业界同人很容易记住工程的建设目标和定位，为以后的合作共建奠定基础。所以，数字图书馆制定通俗易懂的定位或口号，有利于数字图书馆的整体定位深入人心，激发用户对图书馆的潜在兴趣，使用户产生利用数字图书馆的意愿。

另外，由于英文的"go"有多种含义并且非常简单易记，所以图书馆界有一个有趣的现象，有多个与"library"和"go"相关的数字图书馆推广项目[①]："Library Go"是美国明尼苏达州圣保罗公共图书馆为所有40000多名圣保罗公立学校学生启动的一个虚拟图书卡计划；"Libraries on the Go"是一个在线图书馆的网站标语，意为"忙碌的图书馆"；"Go Library"是新加坡国家图书馆机构（National Library Board, Singapore）的一个宣传推广网站，该机构每月出版 *The Go Library* 和 *Go Kids* 杂志；"Discovery & Go"是美国多家公共图书馆的推广计划，提供即时在线访问博物馆、科学中心、动物园、剧院及其他有趣的当地文化场所的免费和低价门票；"Library-On-the-Go"是美国国家医学图书馆美国国立卫生研究院的一个"图书馆在线"项目。我国的厦门大学图书馆受此启发，将他们延续了四年的图书馆报告的名字由"圕·我和你"改为了"Library Go"，并基于"go"的多种含义引申出了该报告的不同组成部分的名称：Library go up（向上的图书馆）、go to Library（一起去图书馆）、LibraryGo（智慧图书馆）、Library Go（图书馆走出去）和 Go with Library（和图书馆一起成长），非常有创意，让人耳目一新，记忆深刻。

图 3-1　厦门大学图书馆 Library Go 活动 2018 年度数据报告

① 龚晓婷,肖铮,周绍彬,林俊伟,黄国凡.图书馆营销品牌升级实施策略——以厦门大学图书馆"Library Go"为例[J].大学图书馆学报,2019,37（2）:29-33.

二、视觉推广

视觉推广是指通过刺激视觉器官来传递信息，吸引读者的注意，对读者的心理产生影响，并达到传达理念、塑造形象的作用。将视觉营销推广的概念和核心内容、方法应用到数字图书馆推广中，是促进数字图书馆工作的一种创新手段。作为商业市场营销中的重要手段，视觉营销在图书馆推广服务中能有效地促进读者与产品或服务之间的联系，并有助于促成读者选择使用，可以有效地冲击视觉从而提高数字图书馆的影响力。对于传统图书馆来说，视觉营销主要体现在馆舍的设计和相关主题区的布置、导引系统的设计等，数字图书馆虽然不像传统图书馆馆舍那样有明确的实体，但是对于视觉系统的需求并不逊色，网络上用户的注意力更容易分散，因此一个好的视觉设计更能够在短时间内赢得用户注意力，高辨识度也有利于传播。国内外许多数字图书馆的建设非常重视Logo设计，突出自身特色并且开发一系列周边素材，同时注重相关宣传素材的一致性等，但有些图书馆仅仅是把Logo用在网站上和图书馆建筑物外墙上，缺乏延伸[①]。有些图书馆把Logo印在图书馆温馨伞上面，每到下雨的时候，读者取用温馨伞，Logo也就随之流动。

国家图书馆在开展"县级数字图书馆推广计划"项目时，专门设计制作了该项目专用的Logo，如下图所示。其主体为翻开的书页造型，同时也是向上托起的手掌变形，既代表了图书馆，又象征了共享的理念，发散的网格代表了网络世界和广阔的空间。国家图书馆将Logo印在宣传册、横幅标语和小礼品上，围绕"县级数字图书馆推广计划"开展各项活动时，面向各级公共图书馆和读者发放。通过这样的推广，使得数字图书馆的形象植根于读者心中，激

图3-2　县级数字图书馆推广计划Logo

---

① 李超平.图书馆推广:观念与操作——兼论读者活动[J].图书馆建设,2008(10):56-60.

发了大家对数字图书馆的兴趣，也有力地推动了项目的落地。

三、品牌推广

数字图书馆策划一系列贴近读者的活动，让读者在参与中逐步了解数字图书馆提供的数字资源和服务，并享受这一过程，是一种有效的推广方式。通过这些活动的策划与积累，逐步形成数字图书馆特有的品牌，读者记住这一品牌活动的同时，也对数字图书馆有了深入的了解。例如，美国图书馆协会举办的"游戏日"品牌活动，在游戏日当天，上千家图书馆提供各类游戏服务项目，鼓励年轻人通过游戏进行社会交往，共同探讨游戏和学习的方法、策略；与此同时，图书馆开展游戏服务项目迎合了用户的需求，为不愿来图书馆的人群提供全新的服务，吸引用户入馆。该活动从2008年开始举办，最初只是针对美国图书馆和读者开展活动，到2012年开始面向全世界推广，当年吸引了世界各地26家外国图书馆参与，这一品牌活动使得美国图书馆协会及各参与图书馆的声誉与社会影响力显著提升①。

而新加坡国家图书馆管理局于2005年在全国推出的"读吧！新加坡"（Read! Singapore）活动经过十余年的举办也已经形成了良好的品牌口碑②。主办方每年都会针对当前社会的现实状况包括政治、经济、文化等，设定契合时代主旋律的主题，并据此锁定目标读者，推荐该特定的主题内的文学作品，将它们译成英语、汉语、马来语及泰米尔语四种语言，结集成书；在每年的5月底至8月份，为期10至14周，通过举办读者见面会、阅读分享、戏剧表演等多种形式，推动全社会的民众一起来阅读所选书籍，以此来提高国人的阅读热情和阅读能力。2013年，该活动由3个月的周期扩展到了全年。

在我国，在全民阅读与书香社会建设大潮推动下，阅读推广的活动热度高涨。据不完全统计，全国有超过400个永久的"阅读节"和"读书月"品牌活动，如"北京阅读季""书香江苏""荆楚文化""书香八闽""书香辽沈""海

---

① 明娟. 美国图书馆"游戏日"活动经验及启示[J]. 图书馆论坛, 2014（3）: 137-143.

② 袁家莉. 由"读吧！新加坡"探讨我国高校图书馆的阅读推广[J]. 新世纪图书馆, 2014（7）: 30-33.

南书香节"等。重庆图书馆在2016年推出了"行走的图书"赠送图书活动就是其中一个非常好的品牌推广范例。重图一改在图书馆坐等读者的局面，走进石油路地铁站向市民赠书。2017年又携手全市41家区县图书馆推出了升级版的"行走的图书"，在公交车站、超市、电影院等公共场所向市民免费赠书，让身在繁忙都市中的市民利用业余和休闲时间，重拾油墨书香。截至2019年，该活动已经连续举办了四年，吸引读者数百万人次，走出了一条独具特色的品牌推广道路[①]。

除了公共图书馆，许多高校图书馆的活动也都是连续多年举办，在师生当中积累了非常好的口碑与品牌形象，收获了很好的推广效果。比如武汉大学图书馆自2014年以来每年都推出"拯救小布"新生闯关游戏，将图书馆使用方法设计成若干选择题，如藏书位置、开闭馆时间等，新生答题通关就能自动开通图书馆使用权限，通过在线游戏的方式帮助新生了解图书馆的基本情况、借阅规则、资源与服务等。

第二节　产品推广

经典的营销组合理论的4P、7P组合，首先关注的是产品（Product）。在图书馆营销领域，产品是指图书馆所提供的资源和服务，是图书馆营销内容的核心。

对于数字图书馆而言，跟用户关系最紧密的主要有两个方面，即数字图书馆的资源和服务。数字图书馆的产品推广就是将数字资源和服务作为产品来包装，针对数字资源本身的特点和用户需求所进行的引导活动[②]。这方面，国内外许多数字图书馆都结合本馆的馆藏资源和特色服务，面向不同用户进行包装，开展针对性推广，通过某一款特色资源或者服务吸引用户，从而建立起与用户之间的信任与依赖关系。

---

① 搜狐. 重图大型公益活动"行走的图书"将启动[EB/OL]. [2019-05-06]. http://www.sohu.com/a/308253431_100253935.

② 柯平. 大学图书馆数字资源营销策略研究——以南开大学图书馆为例[J]. 晋图学刊，2007（4）：1-5.

一、趣味化推广

国内外数字图书馆广泛采用的资源推广模式有网页展示、资源宣传册、海报、资源展览和资源使用方法培训等。这些方式有其自身的优势，但也存在着诸多缺陷。如定期举办的培训讲座由于受到时间安排、前期宣传力度不够等各种因素限制，主动参与者不多，受众面不广，无法达到广为宣传和推广利用的目的。根据这一现状，一些数字图书馆策划了数字资源检索比赛，将图书馆的馆藏资源利用途径设计成小题目，读者可以自己在数字图书馆检索系统里亲自操作，并解答题目，得分高者还可以得到图书馆制作的小礼品，这在一定程度上吸引了用户利用数字图书馆。例如数字图书馆推广工程已经开展了三次资源搜索竞赛，各地读者反响很好。上海交大图书馆开展了"数据'酷'我行我搜"的活动，设计了一系列不同的检索竞赛，提升了学生们利用数字图书馆的能力[①]。

此外，最近流行的图书馆游戏项目，可以将图书馆借阅规则、馆藏资源、检索途径、用户工具等资源，设计开发成在线小游戏，发布在图书馆页面上，用户参与到这些游戏中，通过答题获取一定的积分奖励，推进了用户体验，增进了图书馆和用户的交流互动[②]。如台湾大学图书馆设计开发了"图书馆探索之旅""探索游乐园"等游戏[③]。2008年推出的"图书馆探索之旅"介绍图书馆各项服务以及资源利用、学术道德规范等知识，此后因图书馆服务项目与内容不同而有所改变。2010年推出新游戏"探索游乐园"。该游戏界面为一块彩色拼图，包括12个独立的小游戏：包括图书馆利用的基本知识和读者行为规范的4个游戏（"找找看""书籍排列""抢救安安""大家来找茬"）、读者常用服务场所和服务内容的4个游戏（"消失的馆员""该往哪里走""念书大作战""配对游戏"）和图书馆资源利用为主题的4个游戏（"钓鱼游戏""九宫格大挑战""连连看""填字游戏"）。通过游戏的名称也能看出设计者的别出心

①　李芳徐，顾江. 网络环境下图书馆资源与服务宣传模式探索——上海交通大学图书馆宣传案例分析[J]. 图书馆杂志，2006（12）:36-37.

②　姜晓曦. 国外数字图书馆宣传推广模式研究[J]. 情报资料工作，2012（6）:101-105.

③　台湾大学图书馆. 探索游乐园[EB/OL].［2014-07-01］. http://mediahive.lib.ntu.edu.tw/website/ntul_game.

裁，在每个关卡还设置了"解析"栏目，游戏完成后可以选择"再玩一次"或者"观看解析"，从而加强对游戏内容的回顾。同时，游戏有互动功能，便于了解参与者的反馈。这些游戏的类型丰富多样，包含的知识点范围很广，此外，通过游戏的方式，有效推广了图书馆的各项服务和借阅规则，同时也让参与者快速了解了各类型馆藏的利用方式，推广效果显著。

与之类似的还有武汉大学图书馆推出的"拯救小布"游戏，通过"穿越时空门""遨游智慧海""玩转迷宫图""书香嘉年华""菜鸟须知"5个游戏关卡来帮助新生了解图书馆的基本情况、借阅规则、资源和服务情况等，游戏通关之后，新生可以去排行榜查询自己的成绩和排名，排行榜前十名将获得精美奖品。值得一提的是，除了以上的新生闯关游戏，武大图书馆在2015年4月—5月的读书节期间又推出了经典名著闯关在线游戏"拯救小布之消失的经典"。该游戏以引导读者阅读经典名著为目标，通过竞赛答题的方式，考察读者对古今中外经典名著知识的掌握。"拯救小布"系列已成为武大图书馆的一个游戏品牌。

图3-3 武汉大学"拯救小布"新书闯关游戏界面

而清华大学图书馆2011年推出的"爱上图书馆之排架也疯狂"游戏，

是基于虚拟现实技术开发的一款图书排架游戏，通过游戏让学生掌握图书排架规则，并能快速找到所需图书。游戏通关的时候会根据得分和用时情况给一个奖励称号，比如"图书馆排架之神"之类的。2013年，该馆又推出了"书之秘语"网络游戏，该游戏通过几个动漫人物和一个卡通宠物角色的对话，来告知游戏参与者一些图书馆的规章制度，如借书时限和罚款说明等。

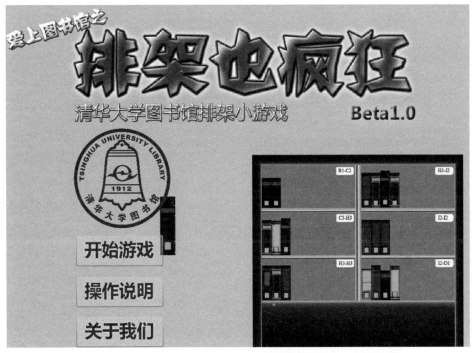

图3-4　清华大学图书馆"爱上图书馆之排架也疯狂"游戏首页

二、差异化推广

打造差异化的产品或服务也是数字图书馆产品推广的重要内容。而差异化的基础就是细分受众。图书馆的受众与其自身性质息息相关，高校图书馆和研究图书馆的用户群体比较集中，主要是高校师生和科研工作者，而公共图书馆的用户群体则比较广泛，基本上包括了各种类型的用户，因此不同类型图书馆在做数字图书馆产品推广时，所采取的策略也有差异。以图书馆的门户网站为例，目前国内外高校图书馆比较常见的一种方式是针对不同的用户类型来提供针对性的信息推送。如美国麻省理工学院图书馆的课程和项目资源指南①根据不同的课程或者研究项目需求，提供针对性的图书馆资源导航，便于学生们根据自身需要进行选择，对于课程还会推荐检索关键词、课程相关文档以及一些有用的软件链接。

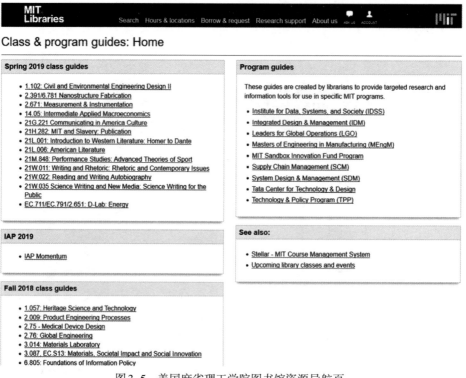

图3-5　美国麻省理工学院图书馆资源导航页

北京大学图书馆的网站根据用户群体的需求差异划分了资源（各类资源介绍及入口）、图书借阅（馆藏布局及管理规定等）、学习支持（与学习相关的服务）、研究支持（教学科研相关的服务）等，此外还针对学生、研究生＋教师组织了资源和服务的专题指南，有利于用户一进入门户就能对号入座，直接建立起对图书馆资源与服务的清晰认知。

---

① MIT. Class & program guides: home[EB/OL]. [2019-03-01]. https://libguides.mit.edu/classguides.

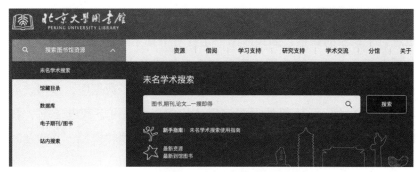

图3-6 北京大学图书馆网站主页栏目

对于公共图书馆来说，其用户群体包含社会上各类人群，具有覆盖面广、需求多样化的特点。因此，公共图书馆推广其数字资源时有一定的难度，但可以采用面向特定人群推广，将用户划分为不同类别，根据自身的馆藏特色制定相应的推广策略。以国家图书馆①为例，为了将自身的资源与服务精准推送到相应的用户群体中，国家图书馆建设了立法决策服务平台、参考咨询服务平台、国家少儿数字图书馆、盲人数字图书馆等数字图书馆服务平台，平台从功能到页面设计都充分考虑不同群体的特点和需求，同时还面向相应群体开展线上线下活动，进行个性化推广。无独有偶，新加坡国家图书馆也将读者分为儿童、青年、成年、老年四大类，在网站主页上设置了四类入口，根据不同用户类别推送不同的数字资源②。

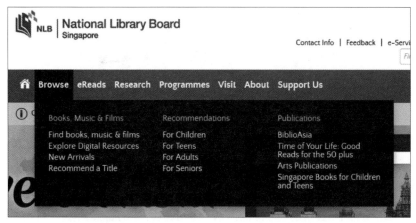

图3-7 新加坡国家图书馆网站资源推介栏目

① 国家图书馆：首页［EB/OL］．［2019-07-01］. http://www.nlc.cn.
② National Library Board Singapore: home［EB/OL］．［2019-07-01］. http://www.nlb.gov.sg.

不仅是国家图书馆，许多地方的公共图书馆在开展数字图书馆个性化推广方面也进行了积极的探索，如长沙图书馆针对中青年读者群体开展了"百万图书任您选"活动，让更喜欢网上服务的中青年读者来挑选喜欢的电子书阅读；还在市委、市政府等办公局域网内开通该馆购买的电子数据库，在市政府、政务中心大厅、人大、政协等处设置多媒体检索机，除可下载电子书、数字报纸、期刊外，还能收看讲座、报告、图书馆公开课等视频资源，并能及时查询该市文化活动信息及预告。

图3-8　长沙图书馆"百万图书任您选"网站界面

重庆图书馆面向进城务工人员、留守儿童推广数字化服务，为进城务工人员提供免费电脑培训、进城务工人员数字文化家园培训以及进城务工人员子女艺术课堂，为留守儿童建设"蒲公英梦想书屋"，并为其提供和家长视频对话的设施和网络。

除了上述这些面向不同用户群体提供差异化产品或服务的图书馆以外，还有些图书馆结合本地区用户的特色需求或者某些行业的特点需求，打造特色化服务，也有很好的推广效果。比如公共图书馆因其用户群体的多样性，逐步扩展了服务内容，将其服务内容延伸至医疗、就业、餐饮、购物等与生活息息相关的方面。如美国北卡罗来纳州公共图书馆研发了"就业信息资源搜索系统"，帮助用户通过该系统找到就业信息资源、数字实时职业信息和电子书籍，选择借阅有关就业求职问题的书籍，把图书馆的服务线延伸到解决社会问题上来。美国纽约市皇后区图书馆提供在线医疗申请、在线交通罚款支付等多项网上服务，英语教学、税收指导是该图书馆提供的特色服务[①]。现在，数字图书馆不仅仅为用户提供以资源为基础的服务，还拓展了一项新服务，即为用户提供材料、技术、工具和空间的 Maker space（创客空间）服务。该服务在国内外已获得广泛关注，并作为一种新型的服务形式受到图书馆界的欢迎。费耶特维尔公共图书馆创建了"奇趣实验室"和"创作实验室"，两个空间都为读者提供了材料、工具、教程和专家支持[②]。克利夫兰公共图书馆成立了科技中心，这个创客空间不仅包括3D打印机等一系列科技服务，还提供很多培训课程和活动，并且有一个家庭和合作工作区域[③]。上海图书馆将一个原有的800平方米的专利标准检索工具阅览室改造成集"设计师家园"、"极客先锋空间"和"创客天地"于一体的全新开放式创意阅览室——"创·新空间"，并于2013年5月27日正式启用，是我国图书馆开展创客空间服务的首次大胆尝试[④]。

三、互动推广

互动推广是指员工和顾客之间的互动过程，即图书馆馆员从图书馆用户的需求出发，将图书馆服务提供给用户的交互行为。营销组合7P理论的"有形展示"（Physical evidence）要素、"过程"（Process）要素、4C理论的"沟通"（Communication）要素都属于互动推广的范畴。互动推广的核心是在图书馆员与读者的交流互动中传递价值，重视过程中的用户体验及过程后的关系保持，通过对读者需求及满意度进行定期跟踪，根据读者需求改进资源及服务，从而提高用户黏度。

---

① 孙毅红.我国公共图书馆服务营销策略研究[D].厦门:厦门大学,2008:37-39.

② Fayetteville free library [EB/OL].[2018-07-03].http://www.fayettevillefreelibrary.org/make/become-a-maker.

③ Cleveland public library tech central [EB/OL].[2018-07-03].http://www.cpl.org/TheLibrary/TechCentral.aspx.

④ 王敏,徐宽.美国图书馆创客空间实践对我国的借鉴研究[J].图书情报工作,2013（6）:97-100.

随着数字图书馆的发展，新媒体技术的逐步普及，图书馆信息传递实现了"零时滞"，为图书馆互动推广的发展提供了土壤。有人认为互动推广分为物理空间的体验式推广和虚拟空间的互动推广。物理空间的体验式推广实际上符合了营销7P理论的"有形展示"，即通过读者见面会、有奖问答等活动进行氛围塑造，并通过体验区空间的搭建让读者享受到数字图书馆带来的舒适性和便利性。虚拟空间的互动则主要通过网络交流互动平台带动图书馆资源和服务的推广。

以图书推荐服务为例，图书馆内比较常见的是专家推荐或者权威榜单，以此来吸引普通用户的阅读兴趣，而随着信息技术的发展，许多图书馆也引入了社会化标签来方便用户推荐和进行资源分享。武汉大学等多家高校图书馆就在馆藏OPAC中运用了标签技术[①]，用户检索时可以给图书添加标签或者评论，这些信息也会显示在图书的详细信息页面中，供其他用户检索时参考。

还有些图书馆通过RFID系统对读者出入门禁次数、在馆时长、借还书数量进行统计，评出"读书达人""十大优秀读者""跑馆达人"等以资表彰。深圳图书馆等图书馆还推出了读者的个人阅读账单[②]，重点关注读者比较关心的26项数据，例如借阅量、入馆次数、借阅方式、续借情况、借阅偏好等，按照"我的借阅足迹""我的阅读偏好""我的阅读兴趣""我的财经"等主题内容分类，通过8个页面分别展示。这一方面提高了公众对于图书馆的关注度，另一方面也增加了用户对图书馆的好感度和使用图书馆资源或服务的意愿。

此外，国内大多数的图书馆借助新媒体和社交平台积极主动与粉丝或者用户进行互动，一方面营造出良好的机构形象，比如亲切、有文化、知识渊博等，另一方面也可以多方调动用户的参与积极性，适时推广自身的资源和服务。以数字图书馆推广工程为例，其微信公众号中塑造了"推仔"的卡通形象，许多推文均是以推仔的口吻在介绍，拉近了与用户距离的同时，使用比较通俗浅显的语言在推介图书馆的资源与服务，并在微信留言中积极回复，与用户真诚互动，赢得用户口碑。同时不定期开展的留言互动活动也增加了用户的参与度，提高了数字资源的推广效率。

---

① 张颖,苏瑞竹.国内用户参与图书馆营销实践研究[J].国家图书馆学刊,2017,26（1）:57-63.

② 人民网.深图2018年度"个人阅读账单"出炉[EB/OL].[2019-02-08].http://sz.people.com.cn/n2/2019/0126/c202846-32579938.html.

图3-9　数字图书馆推广工程微信推文截图

第三节　渠道推广

渠道推广是指借助一种或多种渠道来连接用户或向用户推广产品与服务。对图书馆而言，最常见的渠道推广是借助网站、馆内公告栏或者馆内外发放宣传册等方式来宣传图书馆的服务或资源，但是这些方式其实只是对图书馆已有用户更有效一些，对于许多没有来过图书馆或者根本不了解数字图书馆的群体来说，这样的渠道推广几乎不起作用。所以，近年来图书馆也不断在拓展跟外界的合作推广，或者通过多馆联合等方式相互进行宣传推介，或者借助多种新媒体渠道，不断扩大宣传效果和受众范围。

4P理论的渠道（Place）和促销（Promotion）都属于营销渠道的范畴，是连接产品与用户的桥梁。渠道指在商品从生产企业流转到消费者手上的全过程，在图书馆中可理解为图书馆提供资源、服务、信息的入口或渠道，比如网站、宣传海报等。促销是传递产品优点，并说服目标顾客购买和使用产品的活动，图书馆中的促销主要指通过举办读者活动传递图书馆服务理念、提高资源和服务的使用率，如互动体验、举办读者见面会、有奖问答等。

数字时代，网络营销超越了电视、报纸等传统营销媒介，成为非常重要的营销工具。对于资源和服务高度依赖计算机和网络的数字图书馆来说，网站是其提供资源和服务的主要平台，也是开展营销推广的重要阵地。对网站的开发和利用是数字图书馆推广活动的重要内容。随着现代信息技术的进步和数字图书馆服务的不断发展，图书馆进行渠道推广的方式也有了拓展。

近年来Web2.0技术（博客、维基、社交网站、RSS等）在数字图书馆推广中广泛应用。美国学者Rogers[①]（2009）调查了人们对图书馆使用Web2.0技术开展营销的认识，受访者普遍认同Web2.0技术在图书馆营销中发挥了重要作用，其中博客、在线视频及短信推送被列为最有效的营销工具。作为信息服务机构，图书馆对媒体环境的变化非常敏感。随着多媒体传播、交互式传播的兴起，微信、微电影的应用使数字图书馆推广渠道出现新的发展。数字图书馆推广应该注重文化普及与品牌塑造，以读者喜闻乐见的方式通过感知数字图书馆，了解数字图书馆，然后才能使用数字图书馆。在全媒体时代，多形式、多平台、网络化的宣传方式被广泛应用，但报纸、期刊、户外广告等传统平面媒体依然是重要的宣传途径。

一、全媒体推广

传统图书馆推广的一些手段在数字时代仍然适用，如：媒体宣传，包括利用

① ROGERS C R. Social media, libraries, and web 2.0: how American libraries are using new tools for public relations and to attract new users[EB/OL]. [2019-05-10]. https://core.ac.uk/download/pdf/49234937.pdf.

电视、报纸、网络等各类渠道进行新闻报道；活动宣传，包括在馆内举办宣传展览、各类讲座等；实物宣传，包含编制宣传小册子、印发数字图书馆宣传单、制作印有数字图书馆标识的小礼品等。而进入数字化时代的图书馆推广并不拘泥于单一的推广渠道，往往打的是组合牌——全媒体推广。前面提到过的新加坡"读吧！新加坡"活动在推广方面，就很好地实现了传统形式与现代手段的结合。除了运用巴士车站、轻轨列车上的喷绘、海报、免费发放图书及宣传册等，还注重运用全媒体宣传优势。主办方创建了"读吧！新加坡"的活动官网及活动Logo，同时借助新加坡33个电台频道进行推广，在新加坡最大的华文报纸《联合早报》、发行量最大的英文报纸 *The Straits Times*，以及 *Today* 和 *The Sunday Times* 等媒体给予活动以足够版面的报道和推广[①]；与此同时他们还利用移动通信工具，收集公众对于活动的反馈意见。此外，邀请社会名流担任阅读大使，利用名人的社会效应及其影响力宣传造势。纵观历届"读吧！新加坡"，其所采取的立体式的多渠道联合组织、全方位的多元化宣传，产生了良好的全媒体推广聚合效应。

在Web2.0技术掀起浪潮的阶段，数字图书馆迅速推出lib2.0服务，通过E-mail、博客、微博、微信甚至抖音等多种社交媒体向读者发布有关信息，让网络用户及时了解数字图书馆最新动态。随着网络技术的发展和移动终端设备的普及，国内外数字图书馆开始利用移动媒体进行宣传推广，通过短信、手机报等即时消息，将图书馆的公告、活动信息、服务范围等主动推送给用户；建立移动阅读平台，让用户不受时间和空间限制阅读到数字图书馆资源，体验数字图书馆带来的便捷性。以上海图书馆为例[②]，该馆于2013年底推出微信公众服务号，提供书目查询、续借咨询、活动宣传等服务。2015年，上海图书馆又分别在微信和支付宝的"城市服务"中开通"图书查询"服务，在支付宝内免费开放了可供在线阅读的图书。作为全国第一家入驻支付宝"城市服务"的图书馆，上海图书馆用户通过支付宝，在闲暇时刻就可以便捷地阅读育儿、健康、文学等各类书籍。上线仅3个多月，就有超过100万人次通过支付宝查询、关注与参与阅读。"互联网+"结合"图书馆+"可提供更多优质服务，倍增了图书馆参与全民阅读推广的效率和能力。

---

① 袁家莉. 由"读吧！新加坡"探讨我国高校图书馆的阅读推广[J]. 新世纪图书馆，2017（7）:32-35.

② 许桂菊. 公共图书馆推进数字阅读的实践与思考:以上海图书馆数字阅读推广服务为例[J]. 图书馆，2017（4）:21-26.

图3-10 上海图书馆支付宝"图书馆服务"界面

　　2015年6月—12月，上海图书馆公众号、支付宝和微信的"城市服务"平台先后推出图书馆城市服务微站和大众类市民数字阅读网站微阅读频道，提供图书全文阅读服务，读者可通过手机阅读。此举不仅使数字图书馆的推广获得了良好的效益，也在半年左右的时间内为上海图书馆获得了近40万的注册办证读者。而国内最大的图书馆国家图书馆也在新媒体推广方面一直不断探索和创新。在微博、微信服务之外，2018年12月28日，国家图书馆在我国音频分享平台喜马拉雅客户端，以公共数字文化工程为主体开通了"文旅之声"服务账号，并陆续发布了10张专辑，共计594个音频节目，其中，《国图大师课》《你不知道的海南》《故宫处处有故事》《文化名城·沈阳》等专辑收听量均超过10万人次，很受欢迎；另外，国家图书馆在2019年世界读书日开通了抖音账号，邀请许多明星作为推广大使，当天的活动点击量超过百万人次，这在国内图书馆推广方面也是一次很有突破性的创新举措。

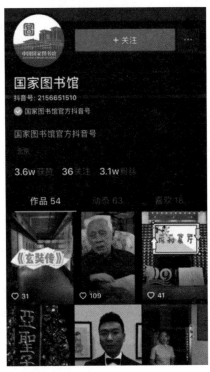

图3-11　国家图书馆喜马拉雅和抖音平台服务界面

　　此外，还有一些图书馆紧追时代潮流，尝试用微电影的手段进行营销

图3–12　清华大学图书馆"爱在图书馆"微视频海报

推广。早在2008年9月，台湾大学图书馆拍摄的"早安，图书馆"视频短片在YouTube网上发布，以轻松娱乐的方式宣传图书馆服务，并利用网络传播，引起普通读者和业内人士的广泛关注[①]。2011年10月，清华大学图书馆指导制作，学生自编、自导、自演的以图书馆为主题的营销系列微电影《爱在图书馆》获得了IFLA第十届（2011年）最佳国际营销奖，成为图书馆微电影营销的典型成功案例[②]。随后，越来越多的图书馆认识到微电影对图书馆营销的重要性，如国家图书馆、重庆图书馆、杭州图书馆等陆续开始制作或征集微电影，举办微电影大赛，希望借社会化媒体浪潮将图书馆资源与服务营销推向深入。

二、业内联盟推广

传统图书馆因为受地理位置的局限，只能服务到馆读者，限制了图书馆的宣传推广。为了方便更多的读者利用图书馆资源，图书馆的服务范围得到延伸，流动图书馆和各类分馆开始建立起来。在数字图书馆时代，分馆的建立不仅仅是为打破地理位置局限，更重要的是总分馆可以共享数字图书馆的资源与服务，将数字图书馆推向更广泛的人群。当前，高校图书馆也开始建设分馆，如文学馆、法学馆等；研究型图书馆，如中国科学院文献情报中心，在成都、上海、兰州都有分中心；公共图书馆的分馆建立更为普遍，逐步形成了当地的公共文化服务体系。美国公共图书馆的服务体系是当今世界上最健全和最普遍深入的，公共图书馆服务无处不在，已经覆盖了社会的各个角落，在保障民众信息获取，发挥图书馆的教育、休闲、娱乐功能等方面起到了重要作用。国家

---

① 朱昢渝.利用视频分享网站构建图书馆营销新平台[J].图书馆,2012（2）:108-110.

② 丁立华.微电影:图书馆社会化媒体营销新模式[J].图书馆建设,2013（4）:84-87.

图书馆从2005年开始在全国推广"中国国家数字图书馆地方分馆"建设项目，截止到2012年底，在全国共建设了19家分馆。此后，国家数字图书馆分馆建设内容被纳入数字图书馆推广工程，全国不再单设国家数字图书馆分馆。通过分馆的建立，联合多家图书馆的力量进行数字图书馆的推广，一方面实现了资源和服务的共享，节约了成本，同时也有助于扩大各地用户对数字图书馆的品牌认知，提高对数字资源和服务的使用率。

图书馆联盟也是类似的推广模式，加入联盟的成员馆签订合作协议，以成本价格共享资源。目前，国外较知名的图书馆联盟有：美国数字图书馆联盟、芬兰电子图书馆联盟、加拿大数字图书馆联盟；具有国际合作性质的联盟有：环太平洋数字图书馆联盟，图书馆电子信息服务联盟（Electronic Information For Libraries，简称EIFL）[①]；国内图书馆联盟有CALIS、NSTL等。这些联盟注重数字资源的合作推广，为成员馆推送优质数字资源。例如，NSTL的各成员单位、镜像站、服务站利用高校新生入学，发放试用卡、宣传资料和调查问卷；每个成员单位、镜像站、服务站每年都会走访2—3家有较大潜在需求的校图书馆，推介数字资源和服务[②]。

三、社会化合作推广

OCLC的Library Spotlight项目是跨界推广的一个很好的探索。这个项目提供一种免费便捷的服务，任何图书馆都可在网络列表中添加、编辑和更新图书馆简介信息。2013年12月OCLC宣布与美国最大的点评网站Yelp开展合作，以提升公众对当地图书馆的信息获取度。Yelp将OCLC Library Spotlight项目中的图书馆信息集成到Yelp网站上，使得Yelp网站增加了1400多条图书馆名录，这为图书馆增加了网络曝光率，同时也带来了更多的合作[③]。同样的，国内的一些图书馆

---

① 该联盟机构由来自非洲、亚洲和欧洲等地38个国家的3000多家图书馆组成，主要帮助这些发展中国家的人们利用网络技术获取和使用信息，为人们的教育、学习和研究以及当地社区的可持续发展提供支持。

② 王丹丹.NSTL营销实践与国外电子资源营销实践的对比分析[J]. 图书馆,2013（5）:58-60.

③ OCLC. OCLC and Yelp increase visibility of libraries on the web[EB/OL]. [2014-06-30]. http://www.oclc.org/en-asiapacific/news/releases/2013/201350dublin.html.

与图书点评网站豆瓣网合作，在豆瓣的图书页面展示该馆馆藏信息，增加用户选择的同时，也为图书馆提供了导流服务。目前首都图书馆、上海图书馆、吉林省图书馆等10余家图书馆已经与豆瓣网建立了合作①。大众点评网也收录了图书馆的基本信息，方便用户在搜索生活相关信息的时候，关注身边的图书馆②。

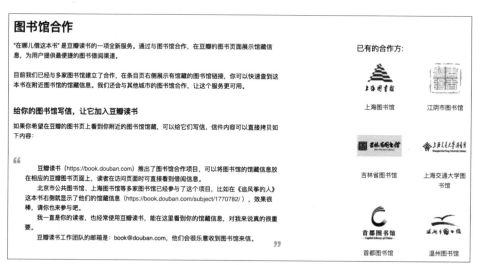

图3-13　豆瓣图书馆合作页面

还有些图书馆通过在用户群体中招募志愿者的方式来推广。湖北省宜昌市图书馆建立了读书联络员体系，从社区网格管理员中遴选出兼职读书联络员作为其志愿者，借助社区管理员走进社区进行数字阅读的推广和指导，快速实现了各个社区的数字资源推广全覆盖。

图3-14　湖北宜昌网格管理员教居民使用数字图书馆资源

① 　豆瓣.豆瓣读书—图书馆合作[EB/OL].[2019-06-30]. http://book.douban.com/library_invitation.

② 　大众点评.图书馆栏目[EB/OL].[2019-06-30]. http://www.dianping.com.

第四节　内部推广

前面几节介绍的品牌推广、产品推广和渠道推广都是属于面向外部的推广策略，本节我们将介绍图书馆内部推广，这也是数字图书馆推广的重要模式。通过专门的机构建制来提高图书馆整体的推广意识，通过培训和交流来提高员工的意识和技能，对于数字图书馆的推广都是重要的。

与外部推广不同，数字图书馆的内部推广是指面向系统内部进行推广，这里主要是指馆员，图书馆应该致力于馆员的教育培训、士气的激励及潜能的开发，以培养馆员的推广意识和专业技能并使之能以主动、热忱的态度为读者提供各项服务。一直以来，图书馆员在营销推广中的重要性并没有得到充分重视，人们更关注图书馆的服务对象的需求，而忽视了图书馆员的需求，造成一种"重外轻内"的局面。事实上，内部推广可以在图书馆内部创造一种人性化管理，协调关于馆员之间、部门之间的工作配合，在图书馆内形成良好的读者服务链。

与此同时，前面章节介绍推广对象时提到了图书馆的决策者也是推广的对象之一，因此在考虑内部推广的时候，不能忽略这部分对象的推广，并且这一群体更能影响决策和推广支持的力度，是内部推广的关键环节。

一、管理层推广

图书馆的管理层掌握着决策权，能够决定数字图书馆推广的政策、方向和可支配资源，因而也是内部推广的重要环节。尽管是图书馆的管理层，但是不乏有许多人对于数字图书馆缺乏清楚的认识，对其重要性和建设的方向缺乏认知，因此也就很难给予足够的重视和支持，也就必然会影响数字图书馆的建设成效。因此，许多地方的数字图书馆推广非常重视对管理层的理念宣传。

以数字图书馆推广工程为例，在该工程启动之初，通过调研了解到许多地方的文化主管部门和图书馆领导缺乏对数字图书馆的重视，认为数字化一些书或者买几个数据库就够了，根本没有必要投入资金和人力去做系统、服务的改造和升级，因此，该工程2012年先后在全国20余家图书馆开展了理念普及培训，向当地的文化主管人员和图书馆管理人员宣传国家数字图书馆建设的成果以及未来全国建设的思路，通过培训和交流使各地图书馆管理者加强对数字图书馆的重视，同时进一步明确工程建设思路。随后举办了全国范围内250余家省市级图书馆的馆长培训班，通过培训传递数字图书馆先进建设理念、管理方法、实施战略等，从宏观层面加强了该工程在全国的推广和实施。

二、专职部门推广

图书馆推广工作涉及的内容有用户分析、推广策略制定、实施和结果评估等，应该设立专门的推广或营销部门（岗位）来实施这项工作，以保证推广的顺利开展和深入实施。国内外已经有图书馆专门设立了营销部门，如新西兰惠灵顿图书馆，有专门的3人组成的营销小组，负责年度营销方案的制订和实施。美国布鲁克林图书馆设立形象服务部，专门制订图书馆的形象宣传目标，研发最佳实施方案，提升图书馆的社会注意力和知名度。首都图书馆设立了宣传策划部，河北省图书馆建立了宣传推广部[①]。中国科学院国家科学图书馆于2012年7月，在学科馆员中特别增设了用户服务营销岗位，其目的是研究制定个性化用户营销服务策略，并在学科化服务中广泛使用，以提高服务广度和深度[②]。

新加坡南洋理工大学图书馆引入营销推广的理念来改进图书馆管理与服务，他们一改传统图书馆的采、编、阅、藏的业务格局，建立了以需求为导向的新组织结构——多职能学科馆员组织系统，增设图书馆推广部和培训服务部，进一步加强图书馆面向读者需求的结构。专职的图书馆营销推广部则负责图书馆日常推广和馆员营销推广素养的培养。日常推广工作主要包括策划和承办各种宣传活动、交流沟通联谊会和小型专题沙龙，收集用户对图书馆资源、服务等方面的认知、需求和期望，组织用户体验图书馆在设施、资源和服务上的改进，传达图书馆对他们的需求、意见和建议的重视程度和及时解决问题的情况。

---

① 邓爱东. 中美公共图书馆定位与推广之对比与研究[J]. 图书馆工作与研究,2013（1）:4-8.

② 陈漪红,杨志萍,田雅娟. 试析学科馆员服务特征及营销策略——以中国科学院国家科学图书馆为例[J]. 现代情报,2013（5）:60-61.

三、馆员推广

数字图书馆的服务是依托馆员开展的，馆员作为服务工作中最为关键的一环，其理念和能动性对于服务效果非常重要。因此数字图书馆的推广不仅需要面向用户，也需要面向馆员，在内部实现理念统一。进入数字图书馆时代，图书馆资源和服务与前沿新型技术紧密结合，图书馆员需要学习新技能，帮助用户提高信息素养。国外学者施密特在其研究中列出了13条数字图书馆馆员应该具备的技能，包括能够通过网页、维基、博客等方式传递图书馆信息、能够协助完成自助服务、提供在线咨询等[①]。同时他还认为数字图书馆虽然提供了自助式服务，但用户还是希望从真人那里获取实实在在的帮助，馆员也需要在与用户的沟通中传递图书馆价值，建立长期联系。而曹霞等人认为图书馆员不仅需要相关专业知识、具备计算机和网络相关知识，还须具备营销知识和沟通能力，向复合型人才方向发展[②]。龙军基于提升图书馆核心竞争力的角度提出了一套内部营销策略，从培育图书馆文化、建立学习型组织、建立双向信息沟通渠道、推行全员营销4个角度出发制定了内部营销策略[③]。相较于之前的研究，作者提出了更加全面的整体营销策略。随着数字图书馆的发展、高新技术在图书馆的广泛应用，馆员在图书馆中的作用并没有因设备和技术的出现而削弱，相反，其发展及未来成败将更加依赖于人的要素。

在这方面，很多图书馆定期开展的馆员业务培训是非常好的实践。此外，定期进行馆员和用户的交流，将用户的肯定、期望等直接反馈给馆员也是非常好的信息传输方式。比如上述的新加坡南洋理工大学图书馆就把向图书馆工作人员传播推广理念、培训推广方法作为该馆营销推广部的重要任务。新加坡南洋理工大学图书馆营销推广部定期选派员工参加相关的营销推广培训，并向员工展示该部门新设计的宣传海报和各类标识，组织员工讨论推广活动的主题，

---

①　SCHMIDT J. Promoting library services in a Google world[J]. Library management, 2013, 28(6/7): 337-346.

②　曹霞,吴新年,赵红.数字图书馆的体验式营销[J].图书理论与实践,2008（1）:1-4.

③　龙军.论基于提升图书馆核心竞争力的内部营销策略[J].江西图书馆学刊,2010（3）:41-43.

并向他们汇报用户的相关评论和反馈信息[1]。员工相互间的沟通增强了推广的意识，促使所有员工都能积极参与图书馆的推广活动，在常规工作中和服务行为上自觉地贯彻和体现营销推广理念，最大限度地发挥他们的专业技能和主观能动性。

与此同时，有一些图书馆会对一些重要岗位或者优秀员工进行包装，使读者能"问对人"，更好地享受图书馆提供的服务，也能激发员工最大限度地发挥他们的作用。有些图书馆对借书处、阅览室人员进行宣传，采取陈列照片、标出姓名、指出图书馆员的工作岗位等简单的方式，这是远远不够的[2]。美国康奈尔大学图书馆2011年发布了一个宣传册《让馆员告诉你》（*In our own words*），选取8位馆员讲述自己与图书馆的故事以及现在的工作职责，语言生动幽默、贴近读者，配有馆员的形象照片。该宣传册一经推出，在师生中反响热烈，是一次很成功的馆员推广[3]。而数字图书馆推广工程曾经在微信上策划了"我的数图故事"专题，邀请各地数字图书馆馆员讲述便捷服务、优质资源的背后故事：以读者为中心精心设计各项活动，为了获得一手的、高质量的资源而各地奔波拍摄，为了读者的免费开放使用而艰难地争取版权等。这些故事有效地拉近了用户与图书馆的距离，也让用户对数字图书馆多了一份认可与信任。

---

① 孙鸿文. 国外高校图书馆营销管理的实践及启示——以新加坡南洋理工大学图书馆为例[J]. 图书馆建设,2010（9）:103-105.

② 葛贤,赵秀君. 全媒体时代图书馆宣传推广策略探析[J]. 农业图书情报学刊,2012（5）:65-68.

③ Cornell University Library. In our own words[EB/OL]. [2014-07-04]. https://www.library.cornell.edu/about/inside/publications.

第四章　数字图书馆推广活动实施框架

自1976年来，图书馆就已经将市场营销理论为其所用。但传统的营销组合、市场细分等理论的出发点主要是营利性组织。近年来，随着社会的发展进步，社会市场营销观念逐渐盛行。社会市场营销观念是在市场营销的基础上，强调兼顾消费者、组织与社会三方面的利益，在追求组织价值的同时，兼顾社会效益，实现组织机构的可持续发展。社会市场营销观念尤其适用于非营利机构。对于图书馆而言，追求图书馆事业发展、读者价值认同与为社会发展提供智力支持的利益平衡是其进行营销活动的最终目标。

相较于营利性组织而言，非营利组织承担更多的社会责任。非营利组织在进行营销过程中，更加强调对公众的理念传播和消费习惯的长期培养。非营利组织的产品基本以无形产品为主，提供的是公众参与服务。非营利组织公益性的特点决定了其提供的产品绝大多数都是免费的，其产品输出渠道也不是传统意义上的市场行为，更多的是传播行为。因此，对图书馆等非营利性组织而言，在进行营销活动过程中，更应注意培养组织与公众之间的长期性互动行为，借鉴前述"整合营销传播"（Integrated Marketing Communications，简称IMC）理论模型，本章将就数字图书馆推广活动的策划与实施管理进行全方位解析。

数字图书馆推广活动实施框架主要包括五部分：环境分析、市场调研、推广策划、实施执行与评估反馈。具体而言包括：对数字图书馆本身以及外部环境进行分析评估；调研数字图书馆推广的对象需求、行为及相关情况；制订数字图书馆的多元化组合推广策略和推广方案；推广方案的落实与执行；对数字图书馆推广活动进行及时的评估和复盘。具体分解步骤详见图4-1。

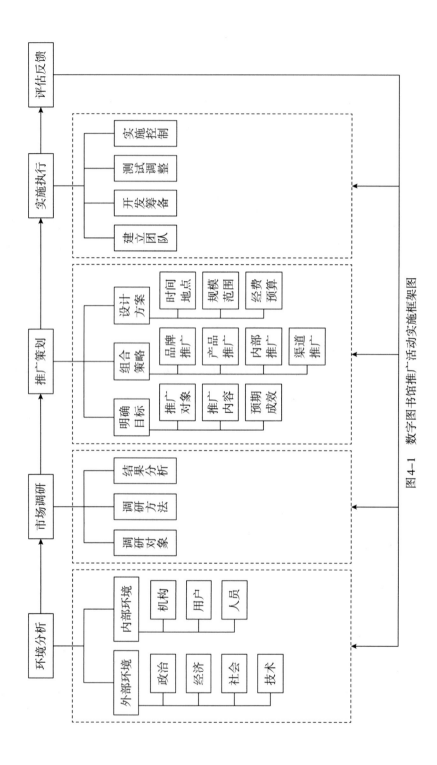

图4-1 数字图书馆推广活动实施框架图

第一节　环境分析

任何组织的发展都受到环境的影响与制约，无论是顺势而为或是逆势而动，都是在对所处环境进行分析的基础上做出的战略决策。数字图书馆的发展亦是如此。在进行数字图书馆营销推广活动前，首先要了解与之相关的行业因素，从而为组织的战略制定、决策调整和市场营销策略提供依据，达到良好的宣传效果。一般来讲，环境因素可以分为外部环境因素与内部环境因素。

一、外部环境分析

外部环境分析也被称为宏观环境分析，指影响组织行为的主要社会力量。宏观环境是组织的外部环境，组织不能通过其行为改变环境变化，只能顺时而动，适应环境。分析社会环境的主要目的是在于组织更好地了解环境，通过自身调整来适应社会环境的变化。对于数字图书馆而言，主要面临的外部主要是社会环境、政治环境和科技环境。

1.社会环境

社会环境是指特定时期内社会发展的一般状况。主要包括社会结构、价值观念、文化传统等。图书馆是保存历史、传承文明的重要载体，是社会公众提高素质的终身课堂，在保障社会公众文化权益方面作用巨大。近年来，随着经济和社会的进步，我国图书馆事业取得了一定进步，但与我国经济社会的快速发展相比，与社会公众日益增长的精神文化需求相比，我国图书馆事业发展差距明显。我国图书馆的服务方式和服务手段单一，服务网络和服务设施匮乏，加之我国领土广阔、人口众多、区域发展极不平衡，导致社会公众无法平等享受公益性图书馆服务。20世纪90年代，随着互联网技术的不断发展和新媒体技术的日新月异，公众的阅读方式开始发生变化，传统的纸本文献、场地阅读环境已不能满足社会公众日益增长的信息需求，在此背景下，数字图书馆应运而生并发展壮大。数字图书馆有助于满足社会公众数字阅读方式，消除数字文化鸿沟，对于整个信息社会的发展意义重大。但由于历史较短，加之全社会对数字图书馆宣传推广力度不足，数字图书馆并不被广大公众所熟知，急需普及。

2.政治环境

政治环境是指组织所处国家或者地区的政治制度、体制、方针政策及法律法规等。政治环境对组织行为，尤其是长期性战略行为有着深远的影响。近年来，特别是"十二五"以来，我国陆续出台了一系列政策、措施，全力发展数字图书馆事业。《国家"十二五"时期文化改革发展规划纲要》《关于加快构建现代公共文化服务体系的意见》《关于进一步加强公共数字文化建设的指导意见》等文件中，明确提出完善国家数字图书馆建设的要求，为我国数字图书馆的快速发展提供了良好的政策环境。同时，数字图书馆的发展也使得各级各类图书馆的信息资源得到有效整合，形成覆盖全社会的数字图书馆服务网络，为城市发展和经济建设提供针对性的信息服务，有效支撑着社会的不断创新和持续进步。

3.科技环境

科技环境是指当前社会的科学技术总水平及其变化趋势，以及新技术的应用对社会进步产生的作用。数字图书馆的发展与以互联网为代表的信息技术发展密不可分。目前，数字图书馆已经进入"大智移云"时代。所谓"大智移云"是指将数据、智能化、移动互联网和云计算等技术综合到一起，成为产业互联网的重要技术载体和推动力量。随着信息技术的飞速发展，云计算、大数据等信息技术交融渗透，智能移动终端、数字电视等新媒体的推广使用，对文化的生产传播和公众阅读习惯的变化产生了根本性的变革。我国网民数量的日益增长、宽带应用水平的大幅提升和移动互联网的广泛应用，为数字图书馆服务提供了主要的设施保障。网络技术的发展、移动设备的变革为图书馆通过现代媒体进行数字化服务提供了强有力的技术支撑。上述种种都在影响着数字图书馆的发展轨迹，不断推动传统图书馆到数字图书馆的业务转型和业态升级。

二、内部环境分析

内部环境分析也被称为微观环境分析，指影响组织行为的主要内部力量。内部环境是实施内部控制的基础，包括内部的组织结构、权责分配、组织文化等，内部环境直接决定了组织的资源配置能否达到效果。对于数字图书馆而言，内部环境分析可以从机构、用户和人员几个方面展开介绍。

1.机构

机构是组织内部环境的首要因素。近年来，数字图书馆在世界范围内的发展方兴未艾。总体来看，主要有以下几类机构大规模开展数字图书馆建设与服务工作：一是各国国家图书馆，诸如美国国会图书馆实施的美国记忆（American Memory）和网络资源存档项目（LCWA）、英国大英图书馆的电子图书馆计划（e-lib）、日本国立国会图书馆制定的e-Japan计划等，其主要目的是为了履行国家图书馆在数字时代背景下的文化传承职能；二是各国政府职能部门，诸如美国数字图书馆启动计划、法国文化精品数字化（JOUVE）项目等，其主要目的是通过项目撬动本国数字图书馆的全面发展；三是跨国NGO组织，诸如世界数字图书馆项目、中日韩数字图书馆项目等，其主要目的是为了加强国际合作，通过共建共享发挥数字图书馆的规模效应。我国也正在数字图书馆建设方面进行探索与实践。我国图书馆除国家图书馆外，还包括公共图书馆、高等院校图书馆和科学图书馆等类型（中小学图书馆等其他类型图书馆由于服务对象差异较大，不在此处展开讨论）。在公共数字文化领域，实施了全国文化信息资源共享工程、公共电子阅览室计划、数字图书馆推广工程等一系列数字文化惠民工程；在高等院校图书馆领域，成立了中国高等教育文献保障系统（CALIS）、中国高校人文社会科学文献中心（CASHL）等一系列数字资源保障机构；在科研图书馆系统，成立了中科院国家科学数字图书馆（CSDL）、国家科技数字图书馆（NSTDL）等。

2.用户

用户是决定组织可持续发展的决定性因素，对于非营利组织而言，其用户数量庞大、类型多样，涉及广泛的社会公众。截至2018年12月，中国网民规模达8.29亿，互联网普及率为59.6%；中国手机网民规模达8.17亿，网民中使用手机上网的人群比例为98.6%。我国18至70周岁数字化阅读方式的接触率不断增长。越来越多的社会公众选择数字化阅读方式，为我国数字图书馆发展提供了广泛的用户群体。

3.人员

面向内部人员的营销行为是企业内部环境培育的战略性行为，其核心是培养内部员工的产品服务意识。在对数字图书馆的产品和服务进行宣传推广的同时，应该努力争取组织内部人员的支持。数字图书馆是网络环境和数字环境下图书馆新的发展形态，对于图书馆内部人员来说是一个新生事物。因此应该加强对数字图书馆从业人员的培训与管理，加强业务能力培训、强化服务创新意识，为数字图书馆的宣传推广创造良好的人员环境。

在做数字图书馆推广活动之前，进行内外部环境的分析是非常有必要的，结合不同的外部环境来确定活动方向与主题将起到事半功倍的效果，比如国家关于开展"全民阅读"活动的号召、新兴的移动阅读风潮等对于数字图书馆推广活动都是非常积极的环境。内部环境直接影响着活动的资源配置和实施效果，因此在活动前做一个清晰的分析，可以使活动的规模定位与实施计划制订更切合实际，更容易取得成功。

第二节　市场调研

明确了组织所处的内外部环境之后，数字图书馆推广活动的第二个关键步骤就是开展相关的市场调研工作。所谓的市场调研，其实包含了明确推广对象、调研方向以及调研方法，这些基础性工作一定要在制定活动方案之前开展，扎实的市场调研可以让我们准确描绘推广对象的用户画像，并有效把握用户真实、迫切的信息和服务需求，从而有的放矢，制定更有针对性的推广方案。

一、明确推广对象

在分析数字图书馆推广要素之一——推广对象的时候提到过，数字图书馆宣传推广的对象包括用户、决策者和馆员。做活动策划的时候，明确推广对象对于结果有着至关重要的营销。因此，首先要做的就是细分推广对象的类型，了解和掌握推广对象的基本信息、需求及行为特征，要根据其对推广目标的影响程度划分为主要对象和次要对象，以便在实施计划时分清主次轻重。大多数时候，数字图书馆用户都是最核心的推广对象。

数字图书馆用户根据物理位置可以分为到馆用户和网络用户，根据用户规模可以分为个人用户和机构用户，此外还可以根据年龄、教育程度、职业背景等进行不同的划分。

数字图书馆用户群体极其广泛，构成复杂。研究数字图书馆用户信息行为和规律，可以从用户的各类属性对用户群体进行分类，了解用户需求的特点，进而调整和改善数字图书馆的服务方式，使其开展的服务更具针对性和主动性。

（1）从用户性别来看，分为男性和女性用户。由于性别的不同，其信息需求的关注点会存在差别，甚至在接受和传递信息的过程中，对信息传播方式的接受程度上也可能存在差异。

（2）从用户年龄来看，参考第44次中国互联网络发展状况统计报告分类①，以10岁为一个区段进行划分，10—19岁、20—29岁、30—39岁、40—49岁、50—59岁、60岁以上等。可以根据具体推广的需求来调整区段的划分。

（3）从用户学历结构来看，参考第44次中国互联网络发展状况统计报告分类，一般分为小学及以下、初中、高中/中专/技校、大专、大学本科及以上。受限于受教育程度，对数字图书馆所提供的信息内容、服务形式及推广方式的需求会有较大差异。

（4）从用户职业属性来看，参考第44次中国互联网络发展状况统计报告分类，基本的分类一般分为学生、党政机关事业单位领导干部、党政机关事业单位一般职员、企业/公司高层管理人员、企业/公司中层管理人员、企业/公司一般职员、专业技术人员、商业服务业职工、制造生产型企业工人、自由职业者、农村外出务工人员、农林牧渔劳动者、退休、无业/下岗/失业。受自身主观因素影响，不同用户对信息的获取渠道及传播方式会存在差异，也会对数字图书馆所提供的资源主题有着不同的偏好。

（5）从用户获取信息的终端工具来看，一般分为传统介质用户、互联网用户、移动终端用户、数字电视用户和户外大屏用户。

（6）从用户所在地域来看，一般分为东、中、西部地区。东部地区包括：北京、天津、河北、上海、江苏、浙江、福建、山东、广东、海南、辽宁、吉林和黑龙江；中部包括：山西、安徽、江西、河南、湖北和湖南；西部包括：内蒙古、广西、重庆、四川、贵州、云南、西藏、陕西、甘肃、青海、宁夏和

---

① CNNIC. 第44次中国互联网络发展状况统计报告[EB/OL]. [2019-10-02]. http://www.cnnic.cn/hlwfzyj/hlwxzbg/hlwtjbg/201908/P020190830356787490958.pdf.

新疆。可能会由于所在地域的经济文化差异，用户需求及行为也会有各自的特点。也可按城乡区分为农村用户和城镇用户。

正是由于数字图书馆的用户群体可以从不同维度划分，因此在活动策划的时候需要综合考虑用户群体的特征，选择合适的渠道、主题及活动方式对其服务项目进行推介，并让用户能够积极主动地通过数字图书馆寻求帮助。

在制定推广策略前，一定要根据推广目标的不同，确定哪些是推广调研的首要对象，选择合适的方法来开展针对性调研，不同的推广目标决定着推广对象可能是单一类型的，或者多种类型的。

二、调研内容

针对所选择的调研对象，需要开展的调研内容主要包括：对象的基本信息、对象的信息需求和行为特征，对象对于数字图书馆的认知、满意度和意见建议等。基本信息调研是指那些对用户信息需求和信息行为可能产生影响的、容易收集的特征信息，比如用户的性别、年龄、地域、职业、收入、受教育程度、专业背景等。还有一些信息对于用户的行为和需求也会产生影响，如用户的价值观、社会阶层、个人兴趣等，但由于缺乏直接有效的收集方法，因此在一般性的调研当中不太涉及。此外，如果要推广的是数字图书馆某项特定的服务，如少儿或者残疾人数字图书馆，在基本信息方面还要设计针对性的内容。

信息需求和信息行为调研是指用户在生活、学习或工作中对于信息的需求情况，以及在满足这些需求时惯常的行为选择。这些特征决定着用户对于数字图书馆的需求和使用偏好，进而影响着数字图书馆推广的策略。需要强调的是，用户对于推广媒介和推广方式等的偏好也应该列入调研范围。具体来说：

1.用户信息行为

一般来说，我们在调研中经常会涉及的用户信息行为包括：用户的信息检索行为、用户对于信息的使用和管理、用户在获取信息过程中的交流互动行为等。

用户的检索行为主要是了解用户平时惯常使用的检索入口、检索渠道和检索偏好等，以及用户对于数字图书馆系统、资源的掌握程度，比如是否会使用高级检索、专业检索等对信息素养要求比较高的功能，以及能否对检索结果进行有效筛选和调整检索策略等。对于数字图书馆来说，由于受限于其所开发的检索平台的功能、图书馆的馆藏数字资源、对数字资源的整合能力，用户所检索出来的结果会受到制约。因此除了培训用户熟悉我们的系统以外，了解用户的信息检索行为特征和习惯可以帮助我们更进一步改进检索平台，丰富数字资源，加深对数字资源的揭示力度，增强揭示数字资源的颗粒度，帮助用户更快速找到自己最需要的资源及服务。

信息的使用和管理是指用户对所获取信息能否进行合理使用以及能否进行有效管理，学术开放环境下对于信息的合理合法使用要求是越来越高的，因此向用户普及版权保护和合理使用的理念也是数字图书馆推广非常重要的一项内容。此外，随着互联网上海量数字资源的爆炸式增长，个人获取和存储的资源也增长迅猛，如何更加有效地进行信息的管理是用户非常关心的问题，也是用户行为研究需要关注的。

用户的信息交流互动行为主要是指用户在获取信息过程中所产生的信息交流和互动行为，比如用户在使用过程中需要帮助时候可能会通过图书馆的虚拟参考咨询服务、微信微博或者E-mail等方式寻求指导，或者用户会通过一些口头、文字的方式对数字图书馆的使用提出反馈意见等。如果数字图书馆提供的交流渠道比较畅通，能够充分调动用户的参与性，这些交流互动就会成为一个窗口，源源不断地为数字图书馆的完善提供建议、反馈和发展动力。

2.用户需求分析

"为书找人、为人找书"的图书馆工作原则决定了图书馆一切活动的目标是满足用户需求。对用户需求的把握是图书馆开展服务和推广活动的关键，尤其在数字环境下，社会的信息环境和人们获取信息的方式都发生了深刻的变化，图书馆更加需要明确服务对象的需求。因此，数字图书馆推广首要就是分析用户需求，不管是市场细分原则，还是营销组合理论，都充分体现了对用户需求的把握。

4C营销理论［消费者（Customer）、成本（Cost）、便利（Convenience）和沟通（Communication）］的核心就是以市场需求为导向，以顾客满意为目标，强调的是关注消费者，即一切活动都以满足顾客需要为出发点。网络整合营销的4I原则［趣味原则（Interesting）、利益原则（Interest）、互动原则

（Interaction）、个性原则（Individuality）], 更是将用户需求进一步强化, 并且细化了互动与个性化两个维度。

用户信息需求的分析主要应考虑以下几个方面: 用户信息需求的多样化, 比如对所需信息的类型、来源、载体以及获取方式等都会存在很大的差异性; 同时, 还要考虑到用户对信息的及时性、集成性、拓展性以及个性化等方面的需求。

3.用户信息行为与需求的影响因素

由于数字图书馆用户处在复杂的环境之中, 因此, 其信息行为与需求受到多种因素的影响, 不乏用户的主体因素、社会因素、科技因素、环境因素和数字图书馆自身发展的因素。

（1）用户的主体因素。正是由于数字图书馆用户的广泛性, 其自身素质和知识的差异会对其信息需求和行为产生直接影响。比如, 有的用户可能由于自身素质无法通过编辑检索式而准确获得自己所需要的信息资源。英国情报学家贝尔金等人在接触信息用户的过程中发现, 用户常常不能认识、理解和描述自己的信息需求, 用户也许能描述自己就某一问题知道些什么, 却难以描述还应知道什么[①]。用户的个体特征（性别、年龄、职业、教育程度等）、心理因素（信息需求强度及行为目的）、情感因素、认知因素（对资源和服务的熟悉程度及个人经验等）都属于用户的主体因素, 会对其信息行为造成影响, 从而影响数字图书馆针对某一类人群的服务方式及服务内容, 甚至会直接影响数字图书馆开展一系列宣传推广活动时所推送的服务主题。

（2）社会因素。网络信息充斥着很多冗余信息和虚假信息, 用户如何做到擦亮双眼, 辨识这些信息成为一件非常困难的事情。即使从不同来源获得了满足需求的信息资源, 但是由于缺乏统一的标准规范, 无法进行共享和互通, 也会使用户对信息的快速获取和充分利用产生阻碍。因此, 对用户使用数字图书馆的专业技术能力提出了更高的要求。数字图书馆服务人员需要针对这些复杂多变的社会因素为用户提供最有价值、最符合需求的信息内容, 并采用一定的方式让用户信任并持续利用数字图书馆的服务。

---

① BELKIN N J, ODDY R N, BROOKS H M, et al. Ask for information retrieval: part I. background and theory[J]. Journal of documentation, 1982, 38(2): 299-304.

（3）科技因素。数字图书馆依赖于网络及各种软硬件而存在，因此科学技术的迅速发展不可忽视。各地网络发展的不平衡、硬件建设的差距、网络速度和各地移动运营商所收取的上网费用都会直接影响用户获取数字图书馆资源与服务；对网络信息安全的担心、网络硬件建设的差距、网络速度和上网费用都是制约用户获取和发布信息的客观因素。

（4）环境因素。自然环境看起来似乎是无关紧要的客观因素，但是，若用户在使用数字图书馆服务的时候，没有合适的天气、温度、湿度、光线、噪音控制等，将直接影响其继续使用数字图书馆服务的直观感受，从而对其信息行为产生障碍。因此，在对数字图书馆资源及服务进行宣传推广的时候，不论采用何种形式的推广手段，都应该充分考虑这些环境因素，以带给用户良好的使用感受。

（5）数字图书馆自身发展的因素。数字图书馆由于自身人力财力物力、技术能力、资源采访能力及信息整合能力的缺乏，面对快速增长的网络信息的冲击，显得力不从心。数字图书馆的信息共建共享能力还远远不够，开放程度也不够；受限于技术能力和服务对象的泛在化，无法像专业公司一样对各种类型资源进行合理揭示、组织和开发，无法很好地给专业读者和公众读者其急需的资源；虽然数字图书馆已经意识到用户的需求所在，但由于其通过购买、呈缴、征集、数字化等各种方式引进的异构资源缺乏有效揭示整合，个性化的检索系统不尽如人意，检索效果满意度不够，都会对用户的信息需求和行为带来负面影响，从而促使数字图书馆用户流向网络资源或者专业机构的搜索平台，造成用户流失。同时，用户在获取服务和资源时所耗费的各种成本（包括经济、时间、体力等各个方面），所获取图书馆服务质量（包含难易程度、及时程度、查全率、查准率等）、用户自身的信息安全和隐私的保护程度等都会直接影响到用户使用数字图书馆的行为。用户总是喜欢在省钱省力的情况下，最快最及时最安全地获得自己最需要的可信而安全的资源和服务。

除了上述调研内容，还需要进一步了解用户对于数字图书馆的认知和评价，如数字图书馆的基本服务、资源情况等。在具体调研时，推广主体可以根据自身需求从上述内容中进行选择，并自行选择每项内容的调研粒度，有可能一份问卷主要就是针对用户信息行为进行设计，也有可能只是针对用户的信息需求设计，或者针对某一类用户群体进行信息行为、需求、影响因素等方面的综合考察。

三、调研方法

为全面、准确获取上述调研内容，需要选择合适的方式展开调研，并要确定展开调研的范围，由于数字图书馆推广的对象比较分散且难以穷尽，所以一般我们都是采用抽样调查的方法来看展调研。在搜集所需信息时，采用的是社会调查的方法，如：问卷法、访谈法、文献法、观察法、量表法、实验法等①。对于数字图书馆推广调研来说，不同的推广目的决定着所选择的方法不同，以下重点介绍几种较常用的方法。

文献法，是通过搜集和分析文献来获得所需信息的方法。一般在开展调研之前，可先通过文献法来对所调研问题有基本的了解，获取前人已有研究成果或结论，从而明确需要跟进或补充调研的内容。随着现代技术的发展，文献的理解并不局限于传统的纸质文献，还包括电子文献和网络资源等。文献法具有投入少、效率高、跨越时空的优点，但是由于是间接获取，可能针对性不强或者缺乏时效性，甚至真实性难以考证。因此在采用文献法调研时，要尽可能选择贴近调研内容的信息、采用来源权威正式的文献、选用最新的数据和结论。

问卷法是最常用的一种信息搜集方法。采用问卷法进行数字图书馆推广调研的优点是不受时空限制、具有很好的匿名性、便于定量分析，其缺点是可能存在信息理解偏差、深度有限、质量参差不齐。为了尽量规避其缺点，在设计问卷时，要注意几点：问卷结构规范完整、问题设计针对性强且避免重复、表述简明清晰中立、多采取闭合性问题、问卷长度适中等。一般问卷在正式发放前要进行小范围试填，以便尽早发现问题并修正。

访谈法是通过访谈者与被调查者之间的口头沟通与互动获得信息的方法。访谈法的优点是：访谈过程比较灵活便于互动、信息沟通较为深入且便于调动被访谈者的积极性。但是其缺点也比较显著，就是受访谈员水平影响较大、时间成本较高且不具有匿名性。因此在数字图书馆推广调研中，可以根据需要选择合适的对象进行访谈，从而对问卷法获取的信息进行一定的补充。具体在应

---

① 周德民,廖益光.社会调查原理与方法[M].长沙:中南大学出版社,2012.

用时要注意：事先准备好清晰的访谈大纲、谈话注意聚焦、语言通俗且中立、采用合适的提问语气和方式等。

观察法是从事图书馆服务工作的馆员最为常用的一种方法。馆员在长期的一线服务工作中，有着天然的便利条件来观察读者行为，往往也更容易掌握第一手的和最真实的用户需求，但一定周期内获取到的行为可能带有比较强的随机性，更客观的分析就需要比较长的周期积累。因此在时间和精力允许的情况下，可以考虑此调研方法，如果时间不允许，改为访谈长期从事一线工作的馆员也是不错的选择。

四、调研结果整理与分析

上述方法所搜集到的信息往往还比较零散和原始，无法清晰描述所研究问题的特征，因此需要对数据或资料进行整理和分析提炼。

资料整理是对搜集的原始资料进行审核、汇总与初步加工，使之系统化、条理化，以便后续分析调查对象的总体特征。在进行调查结果分析之前，必须对调查得来的原始资料进行一次认真、细致、全面的审查和核定。重点检查调查资料的真实性、准确性和完整性。不同的调研方法所获取到的资料形式不同，所对应的整理方法也有所不同。比如文献法获取到的大多是研究结论或者整理过的数据，对这些结论或者数据进行完整性梳理和真实性考证，保留有价值且真实的内容；而问卷法获取到的是零散的作答问卷，可以采用计算机等工具开展问卷结果的录入、审核与初步筛选。

调查结果经过初步整理之后，就可以进行资料分析。资料分析包括统计分析和理论分析。统计分析从量的方面研究社会调查获得的数据资料，并做出科学的有效的定量判断，常见的统计分析工具有Excel、SPSS等，这取决于所调研数据的复杂度和希望分析的维度。而理论分析则是基于定量分析和其他各种资料的综合分析，提炼出相关结论。根据不同的分析角度，一般来说资料分析可以分为描述、解释、预测与规范等不同方法。其中，描述性分析说明的是"是什么"，解释性分析说明的是"为什么"，预测性分析说明的是"将会如何"，规范性分析说明的是"应该如何"。描述是其他各种分析的基础；解释是预测分析的基础，规范设计的前提；预测是规范设计的依据；规范是调查研究的终极目的。在实际的调研分析当中，这些方法并非同时采纳，要根据调查研究的阶段和目的来决定。调研分析是为制定后续推广策略服务，应以描述性和解释性为主，部分引入预测性分析，而推广策略的制定一定程度上也是对用户需求调研结果进行规范性分析的过程。

第三节　推广策划

在数字图书馆推广活动中，推广策划是最关键的步骤，又可以细分为明确推广目标、组合推广策略和设计推广方案三个步骤。确定推广目标要基于前期的环境分析和市场调研结果，制定科学合理的目标；组合推广策略则是要根据所确定的目标以及推广内容的特点来组配不同的推广策略，力争实现推广效果最优；而推广策略确定之后还要细化成具体的实施方案，尤其是在时间周期和预算方面要做好计划。

一、明确推广目标

确定数字图书馆的推广目标就是要在前期数字图书馆内外部环境分析以及推广对象市场调研的基础上，进一步明确推广内容和预期效果。一般来说，开展数字图书馆推广活动，目的是加强推广对象对数字图书馆的了解、拉近用户与数字图书馆的距离，为用户使用数字图书馆提供正确指引，不断提升数字图书馆的品牌形象和社会效益，推动数字图书馆的长远发展。推广目标最好是定性与定量相结合，定性描述简洁明了，可以快速达成团队共识，而定量分解则是通过一些量化的指标让目标更具可操作性，保证推广效果的实现。而根据推广内容的差异，推广目标也需要进行一些细化和调整。假如将数字图书馆整体作为推广内容，最好就将推广目标细分为长期、中期和短期的分解目标，从而对应策划不同类型的推广活动，但如果推广的是某一类数字图书馆资源或者某项服务，则可以更多考虑把推广人次、资源或者服务的使用率、用户满意度等指标作为单次活动的定量目标。此外，面对不同的推广对象，推广目标也会各有侧重，比如面向读者的目标可以是提高对数字图书馆使用效果、资源丰富性和便捷性等方面的认识，而面向决策者的目标则需要考虑提高其对于数字图书馆行业前景、社会价值等方面的认识。

二、组合推广策略

推广策略的确定是指根据所确定的推广目标以及要推广的内容，综合考虑各种推广策略的针对性，最终确定该次活动的组合策略。一般来说，开展活动前，要先确定品牌推广为核心还是产品推广为核心，而内部推广可以贯穿整个活动全程，渠道推广则是各种活动都不可或缺的。

1.品牌推广

在数字图书馆的"品牌"推广中，数字图书馆或者某一个品牌的数字图书馆，被当做一个完整的整体来进行包装，"品牌"推广的内容包括：视觉识别系统的设计与推广、数字图书馆建设/服务理念的提出与推广，等等。

（1）数字图书馆的视觉识别系统。视觉识别系统（Vision Identity System）即 VIS，是一个机构最外在、最直接、最具有传播力和感染力的一整套独有识别标志。视觉识别系统设计将一个品牌或机构识别的基本精神内涵差异性充分地体现出来，使用户一目了然获得其中传达的信息，形成独特的品牌形象[①]。数字图书馆的视觉识别系统包括其品牌标志符号、识别色、广告语等一系列具体而明确的视觉信号，从而让用户形成深刻而持久的印象。视觉识别元素确定下来后，在所有涉及的视觉材料中都应该充分应用，如印刷品、室内外喷绘、网页设计、视频资源等，对数字图书馆进行全面的视觉宣传。

（2）数字图书馆建设/服务理念的提出与推广。理念推广需要一套比视觉识别系统更为丰富的传播内容。由简到繁，它可以包括：数字图书馆的建设定位的确立、数字图书馆的服务口号的提出，数字图书馆未来愿景的呈现，以及为了更好地传播这些定位、口号、愿景，数字图书馆机构与之配合进行的公关活动、媒体策划、广告投放等工作。

2.产品推广

数字图书馆的产品，即数字图书馆的资源与服务。为了更加准确地定位用户，进行前期的"分众"传播调研也非常重要。在调研的基础上，数字图书馆可以充分利用馆藏资源来进行针对"产品"的整合与宣传。

（1）基于人群特色进行产品整体的分众营销：针对分众进行宣传，最重要

---

① 于珍.浅析CIS中视觉识别系统的设计[J].商业经济,2006（2）:87-88.

的一点是针对不同人群推荐不同产品，在数字图书馆领域，即要将产品进行品类化处理，或者说是专题化处理，例如针对创业人士推出创业指南型资源，针对科研人士推荐科研资源，针对新生儿童的家长推出育儿资源，针对图书馆员推出信息时代图书馆员必备素质系列专题资源，等等。专题资源的传播，比较适合通过添加网站专题页面、设计宣传折页、喷绘专题性资源海报、举办线上活动来达成。

（2）基于资源特色进行分众营销：在进行资源的分众推广之外，有些数字图书馆会认为也有必要对数字图书馆资源的整体进行传播，例如一些资源专业型很强的图书馆、拥有特殊资源馆藏的图书馆、馆藏量特别大的图书馆，等等，当一个图书馆的资源整体非常有特色的时候，设计资源整体的宣传页就成为一个可取的方案。此时利用各种传播渠道进行资源传播，都是有益的。例如，利用网站营销、邮件营销、户外广告营销、媒体营销、线下活动营销，等等。

（3）基于服务特点进行分众营销：除了资源之外，数字图书馆的服务也是产品之一。数字图书馆的服务项目众多、内容丰富，从后台到前台，有非常多值得在传播过程中深挖的领域。例如针对数字图书馆资源建设的服务、针对手机上网的读者提供掌上数图的服务、对在馆舍内使用数字图书馆的用户提供触摸屏的服务，针对数字电视使用者提供的电视图书馆服务，针对特殊群体提供的特殊阅读服务等。针对数字图书馆服务的宣传，应该主要在媒体宣传、广告投放等渠道中寻找机会。在资源宣传中优势明显的线下活动，在服务宣传中收效甚微。

3.内部推广

内部推广与外部推广相对应，一般来说推广活动都是"外向型"的，因为有一系列推广工作要面对普通公众进行，要植入到公众理念中去，让公众、让外界真正理解和认同数字图书馆。同时，前面章节也提到了内部推广，即要面对数字图书馆的上下游进行，不仅包括数字图书馆馆员，还包括数字图书馆资助者或者管理者（包括机构与个人）、与数字图书馆有深度合作的机构和个人等。针对数字图书馆的员工、资助者进行数字图书馆资源与服务的积极宣传，可以让员工从内而外体验到自己所从事工作的正面意义，提升对工作和机构的认同感，从而更进一步支持和资助机构的发展。而对组织内传播的最有效途径是人际交流；其次是组织集体性的活动，通过一些活动，让数字图书馆的品牌定位、产品等在员工之间形成信息流，达到内宣的目的。此外，在处理内、外推广时，应结合调研，选择不同的渠道、精选不同的内容，进行更加快速有效的传播。

4.渠道推广

渠道推广包括收集推广素材和选择传播方式。

针对推广对象和推广内容广泛开展相关素材的收集，可以从某种程度上让受众获取更清晰、内容更连贯完整、语言使用更准确恰当的传播内容。用于传播与推广的信息可以从多个渠道收集：

（1）来自数字图书馆机构本身、项目本身的理念、服务与内容。这些内容主要来自机构内部，包括机构本身的数据信息、资源与服务简介信息、设备的功能描述、对外联络信息等。

（2）来自媒介的关于数字图书馆的内容。实时收集公众媒体与自有媒体的信息内容，可以很好地辅助后续的传播与推广工作，包括平面媒体的相关报道、广播电视媒体的相关报道、网络数字媒体的相关报道。此外，在收集大众媒体的报道的同时，应关注自有媒体的受众相关数据，包括自建网站的每日点击量、发布文章的阅览量、互动及用户反馈情况，等等。从媒体收集到的信息可以成为后续开展宣传推广的素材，同时通过分析相应的数据和反馈也可为新的推广传播提供调整思路。

（3）来自机构历史事件、历次活动的专题性材料收集。从影像、文字、音频、图片等各个方面收集与整理与数字图书馆机构相关的事件资料，在机构的历史节点和大型活动中，读懂一个数字图书馆的发展历史。

（4）来自机构内外个体的多媒体材料。在数字图书馆机构内工作的人员、数字图书馆用户、合作人、普通公众等个体身上，收集与数字图书馆相关的点滴材料，包括工作人员的日常工作、用户的使用经验、公众的数字图书馆意识、合作人的合作感受，等等。所有个体人员人文层面的信息搜集，都可以最终用于数字图书馆推广工作中。

收集到的素材还要进行分类和整理，这项工作非常细碎庞杂，但是又非常有价值，最好有专人管理，或者利用专门的系统将收集到的素材进行管理，建设成推广素材库，以便于长期积累和调用。

数字图书馆的推广传播方式主要有以下几种：

（1）广告。数字图书馆的广告主要是传播数字图书馆服务理念、新资源、新服务等内容，整合文字与图像进行传播。可以有两种形式：一、直接利用已经存在的广告媒体，例如灯箱、户外广告牌、广播与电视广告、网页广告等；二、由于数字图书馆往往是非营利机构，直接利用成型的广告媒体成本较高，可以考虑在机构本身的建筑内外，自制海报、灯箱、电子屏幕，或利用机构网页、合作机构的网页，发布广告内容。广告需要持续、密集的投放才能吸引受众关注，成本太高，因此，对于数字图书馆而言，目前被大众作为"陪伴媒体"的广播与电视广告并不合适。

（2）公共关系。基于公共关系领域的传播活动，在提高品牌美誉度方面要优于直接广告和服务活动，它的信息传递更为隐蔽，易于消费者接受和信任。数字图书馆机构本身对公共关系传播活动的控制力较弱。一方面，机构传播行为依赖媒体的支持，大部分公关信息的发布能否被传播、怎样被传播最终都取决于媒体；另一方面，公共关系传播活动传播的内容必须以事实为依据，更多地用第三方报道的形式来达到传播目的。以上两个特点对公关传播内容的"市场吸引力"提出了很高的要求，即只有吸引媒体和用户的内容，才会被传播。

公共关系的传播方式主要包括大众媒体和人际传播。其主要传播渠道包括：

语言媒介： 语言媒介主要是人际传播或群体传播中面对面的语言交谈、口头沟通，在营销领域，语言媒介的功能就是进行口碑营销。

印刷媒介： 印刷媒介是指使用印刷文字将信息和意见传递给公众的一种传播手段，在数字图书馆传播领域，它包括与数字图书馆相关的书籍、杂志、报纸、企业内部刊物、简报、宣传折页等宣传品。

影视媒介： 电视媒介是指通过科技载体将影像、声音、图片一并传递给公众的一种传播模式，它包括广播、电视、音频、视频、演示文档、电影等。数字图书馆机构直接拍摄和录制专题内容成本较高，因此，也可以通过与相关影视内容商合作、与机构合作等方式，将数字图书馆的内容植入影视作品内。

网络媒介： 网络媒介是指通过互联网将影像、图片、文字、声音等综合信息传递给公众的一种传播手段，人们通常把网络媒介称为继报刊、广播、电视之后出现的"第四媒介"，它包括互联网、即时聊天工具、网络播放平台、网络社区，等等。由于数字图书馆的网络属性，因此在它的传播活动中，网络媒介正在逐渐扮演更加重要的角色。从《中国互联网络发展状况统计报告

（2019年2月）》中可看出，目前应用最多的网络信息传播渠道是即时通信、搜索引擎、网络新闻和社交应用，这四部分分别占到95.6%、82.2%、81.4%和83.4%。在网络媒介发布内容，数字图书馆机构应根据自身情况和网络广告的目标，选择网络广告发布渠道及方式。目前网络营销中最常见的其实就是通过微信、微博等社交应用来增加关注度和影响力。社会网络是一种聚合又离散的网络社区，要在社交网络上获得影响力，需要关注四个要点——首先，机构主页的内容要有专注度和活跃度；其次，要常常与相关领域和上下游的个人进行互动；再次，要学会利用社交网络提供的信息资源，快速利用大众话题拓展自己的影响力；最后，也是最重要的一点，社交网络应该致力于为用户提供一手或二手、经过思考和整合的信息和服务，这样才有可能让用户因为获得价值而分享和传播价值。

（3）事件、活动。事件、活动主要是让数字图书馆用户通过直接参与机构发起的线上和线下活动而增加对机构的认同和认识。数字图书馆可以利用优势资源为用户提供在线与线下展览、在线与现场讲座、在线与线下互动活动，甚至配合用户需求提供专题性活动，例如针对即将毕业的大学生提供就业指南书单、针对极少接触电脑的老人提供电脑入门培训、针对新生儿父母提供线上线下的讲座等。

三、设计活动方案

推广策划的最后一步就是将组合好的推广策略落实到活动方案上，在确定了推广目标、推广对象、推广内容以及推广策略之后，活动方案已经确定了一大半，但是为了保证活动的顺利和有效开展，还需要进一步明确推广活动的时间周期、地点、活动形式以及经费预算等问题。这些内容的确定，一方面需要推广主体结合当时的内外部环境和可调动的人力和资源条件来选择，另一方面也需要考虑推广对象的特点和需求。如果活动周期比较长，需要分解活动步骤，并做好各个环节的衔接；如果活动地点不唯一，要考虑到人员投入、宣传材料或者宣传口径的标准化以及区域的特色；而如果活动形式是线上线下相结合，还要考虑到活动的相互宣传和呼应；经费预算一定要科学合理，在经费有限的条件下，优先保障对推广效果营销最大的环节。

活动方案设计完成后，除了需要由管理者进行审批，还要考虑征求一下相关环节人员的意见，这也是活动方案顺利实施的重要基础。

第四节 实施推广计划

计划执行是保证活动能够正常进展的一个重要过程。具体来说，数字图书馆推广活动的实施执行需要注意如下一些环节：建立团队、项目筹备、测试调整、实施控制。

一、建立团队

一个成功的数字图书馆推广项目应首先要确定项目经理，项目经理要能够彻底地了解项目计划，并且能够权威地答复任何问题，不断鼓励团队成员，以确定项目目标的达成；敲定团队成员，常见的重要团队角色包括：协调人（Coordinator）、分析人（Critic）、智囊（Idea person）、执行人（Implementer）、公关（External contact）、监督员（Inspector）、团队辅导人（Team builder）。对应数字图书馆宣传推广需求，团队的成员应该包括：具有丰富业务经验的本馆内图书馆员或者馆外业务专家来担任智囊和团队辅导人的角色；图书馆宣传部门的人员负责与媒体沟通，承担公关的角色；项目执行人应由数字图书馆建设部门的相关人员组成，比如数字资源部或者信息网络部等部门的工作人员，其中应包括与一线读者接触较多的人员来负责具体执行；实施主体部门的上级主管部门的人员应不定期参与，承担一定的监督角色。

二、项目筹备

团队成员确定后就是将任务进行分解，明确各个成员的职责和考核标准，同时要制作时间进度表，将各个阶段的时间和任务目标向成员介绍，达成团队内部共识。此外，一定要保持成员之间、成员与管理者之间通畅的沟通机制，可根据距离活动举办日的周期长短来设立周会议、日会议等不同频率的会议机制，将定期讨论的会议纪要发送到每位团队成员，保证信息的准确性，避免遗漏，也能够及时解决筹备过程中的问题。此外，由于团队一般为跨部门的组合，因此工作规则和考核标准不应太复杂，以保证团队顺利工作为前提。

三、测试调整

当项目筹备到一定阶段的时候，尤其是涉及系统开发或者产品发布环节的话，要及时进行正式上线或者发布前的测试，或者是一些活动流程的预演，确保不会出现灾难性的问题。因此在进度规划上也要留出这部分时间，要组织一定范围的测试或实际演练，收集问题和反馈，并尽快进行调整。在时间比较紧的情况下，这个环节也不能缺失，但是可以根据问题的轻重缓急进行方案的调整，在保证大目标的情况下可以忽略一些小环节上的缺陷。

四、实施控制

实施控制其实是对整个项目的流程、进度、人员以及经费的总体控制，选择经验丰富的项目管理者以及合适的项目管理软件也是非常重要的。项目管理者需要通观全局，及时跟进各个环节的进度、遇到的问题以及经费执行情况，并适时进行人员和资金的调配，保障推广活动目标的实现。

另外，有一些软件可以支持计划执行，能够达到事半功倍的效果，比如说：使用率和知名度最为广泛的Microsoft Project（个人使用），及其延伸版本Project Server（团队使用），另外还有IBM的PMOffice，CA工具的系列项目管理软件Clarity Portfolio Manager用于战略管理、Clarity Resource Manager用于资源管理、Clarity Project Manager用于项目日常工作管理、Clarity Financial Manager用于项目财务管理、Clarity Process Manager用于项目流程管理等。这些都是面向专门性或者大型项目的管理软件。对于一般项目来说，Microsoft Project软件安装简单，操作便于上手，是比较适合的选择。

第五节　评价与反馈

项目评价是在项目结束后的一段时间内，对项目的立项、运作过程、效益、作用和影响进行的客观分析和总结，以确定项目预期的目标是否达到，项目或规划是否合理有效，项目的主要效益指标是否实现。通过分析、评价找出成败的原因，总结经验教训，并通过及时有效的信息反馈，为未来完善新项目的决策提出建议。一般包括：项目跟踪评价（也叫中间评价或实施过程评价）、项目实施过程评价、项目效益评价、项目影响评价和项目持续性评价。

对数字图书馆的推广活动而言，其评价的类型包括自评和他评。自我评价，通常以项目总结会或者活动复盘的形式开展，数字图书馆推广的成效往往需要开展多次活动或者持续推行一段时间的推广策略才能看到。而每一次活动执行后的复盘有利于发现问题、及时总结并有针对性地进行后续调整。借鉴商业领域的复盘操作步骤，数字图书馆的推广活动复盘可以分解为：回顾目标、再现实际情况、比较分析和总结经验，最后形成项目总结报告。复盘的目的是为了发现问题、总结经验教训，并且落实到未来的推广方案中，而不是为了追责，因此一定要避免相互指责，要客观、冷静地看待各方评价的结果，同时不仅仅要分析失败的原因，也要分析成功之处。此外，复盘一定要在活动后尽快做，因为在短期内人们对经历的事情和问题都会印象比较深刻，过了一段时间，很多想法可能没及时记录就会遗忘。

除了自评，还可以通过成立项目评价小组进行他评，评价小组由项目之外的人员组成，可以来自项目所属的业务部门、上级管理部门或者是外聘专家，比如馆内的业务管理处等管理部门和由馆外专家组成的专家小组。信息的收集，由项目评价小组依据项目总结报告查阅有关项目的文档资料，可以向项目受益的用户了解项目成果的质量、问题和影响，对这些信息进行综合分析，比如调查问卷、访谈等形式均可以完成信息的收集；实施评价，可以对涉及项目的各方面管理行为进行评价，比如项目进度管理评价、项目质量管理评价等，每一方面的评价可以细分为一些问题，制定评分表，便于量化评价；形成评价报告，项目评价小组根据评分标准及评价模型对项目进行整体评价，给出结论，形成报告，该报告应分享给项目相关的各个方面，起到支持后续项目的评价目的。

反馈机制是评价体系中一个决定性环节，它是表达和扩散评价成果信息的动态过程，同时该机制还应保证这些成果在新建或已有项目中以及其他开发活动中得到采纳和应用，数字图书馆推广活动评价的关键还要看所总结的经验教训在后续工作中被采纳和应用的效果。因此，推广活动结束后的评价报告应在推广小组及相关环节所涉及的馆员中学习和传播，以便于相关工作的调整和后续推广活动的参考。

第五章　案例解析：数字图书馆推广工程推广策略

本章和下一章将分别结合数字图书馆推广工程整体推广工作和"童音诵古韵·经典有新声"全国少儿诗词在线诵读活动进行案例分析，以便深化对前述数字图书馆推广理论、模式和推广活动实施框架的理解。

数字图书馆推广工程是由文化部（现文化和旅游部）、财政部在2011年共同启动实施的全国性重点文化工程，本章将以该工程为例，重点分析如何服务于工程的整体发展目标来制定推广规划、如何随着工程发展调整推广策略以及所制定的推广策略如何落实到各项具体推广工作中等内容。

第一节　工程概况

数字图书馆是网络环境和数字环境下图书馆新的发展形态，是利用高新技术拓展公共文化服务能力和传播范围的重要途径。数字图书馆建设的最终目标是实现对人类知识的普遍存取，使任何群体、任何个人都能与人类知识宝库近在咫尺，随时随地从中受益，从而最终消除人们在信息获取方面的不平等。为从整体上提升我国图书馆的服务水平，使图书馆事业实现跨越性发展，将国家数字图书馆的建设成果更多更快地用于公共文化服务，从而拓展公共文化服务范围，提升公共文化服务水平，文化部、财政部于2011年5月正式启动实施"数字图书馆推广工程"。

一、工程实施背景

文化建设是我国社会主义现代化建设的重要组成部分。近年来，党中央高度重视文化建设，推广工程启动之时正值国家文化建设进入新的发展阶段。党的十六大对深化文化体制改革做出一系列重大决策，明确划分文化事业和文化产业，确立了社会主义文化发展的方向；党的十七大进一步从中国特色社会主义事业"四位一体"总体布局的高度，提出兴起社会主义文化建设新高潮、推动社会主义文化大发展大繁荣的战略任务；2010年7月，中共中央总书记胡锦涛在中共中央政治局第二十二次集体学习时强调，要从战略高度深刻认识文化的重要地位和作用，以高度的责任感和紧迫感，顺应时代发展要求，深入推进文化体制改革，推动文化建设和经济建设、政治建设、社会建设协调发展。在党中央的高度重视和大力推动下，我国公共文化服务体系建设呈现出蓬勃发展、整体推进、重点突破的良好势头，文化事业投入大幅增长，公共文化设施网络发展迅速，重大工程取得丰硕成果，公共文化服务创新亮点纷呈，覆盖城乡的公共文化服务网络正在形成，公共文化服务体系建设进入了快速、稳定的重要发展期。

与此同时，我国各级公共图书馆逐步解放思想，锐意改革，广大文化工作者改革发展的积极性主动性显著增强，全国公共图书馆的共建共享能力进一步加强，服务水平不断提升，图书馆在公共文化服务体系建设中的资源优势和组织优势逐渐显现，公益性、系统性特征更加强化。全国公共图书馆加快建设与发展步伐，成为开拓中国特色社会主义文化建设新局面的生力军和突击队，在深入推进文化体制改革、推动社会主义文化大发展大繁荣战略部署中的地位越来越突出，作用越来越重要。

"十二五"初期，文化建设既面临许多有利条件又面临严峻挑战。我国文化建设面临的突出问题主要表现在以下4个方面：

第一，经济社会的发展使得人民群众对实现自身文化权益的要求越来越高，对丰富精神文化生活的期待越来越热切，而现有的文化信息资源无论从数量、质量、类型，还是从服务方式上，都还无法满足人民群众日益增长的精神文化需求。

第二，网络、智能移动终端、数字电视等现代化传播手段发展迅速，但庸俗、低俗和媚俗等不健康信息充斥新兴媒体，具有丰富文化内涵和高尚文化品位的传统文化资源没有得到弘扬，基于新媒体的公共文化服务形态尚未实现。

第三，我国对外开放不断扩大，外来文化大量涌入，这既给我们吸收借鉴世界文明成果带来机遇，也给我们的民族文化安全带来挑战，亟须以先进文化占领网络阵地，最大限度保障文化安全，保护民族文化。

第四，我国公共图书馆之间缺乏有效的整体协调和共建共享机制，导致资源重复建设、重复投资现象严重，信息资源不能实现有效配置，无法形成数字资源的整体优势。

这些问题的存在不仅制约着图书馆事业的发展，更制约着公共文化服务事业的发展。要想实现文化建设的科学发展，必须深入推进公共图书馆建设与服务的体制机制改革，实现全国图书馆界的资源整合、形成行业合力，充分利用新媒体拓展图书馆服务的覆盖人群和服务范围，巩固并提升图书馆事业在文化建设中的地位和作用，从而推动以公共图书馆为主体的图书馆事业的跨越式发展。

推广工程的启动恰逢其时，在网络化、信息化、全球化的时代背景下，文化建设必须适应时代发展，与数字化、高科技、互联网相结合。在当时的环境下，在全国公共图书馆实施"数字图书馆推广工程"意义重大：有助于提升文化软实力，维护国家文化安全，不断增强中华文化影响力和竞争力；有助于深入推进文化体制改革，创新文化发展体制机制，增强文化发展活力与动力；有助于加强网络文化建设，积极抢占网络文化阵地，把握数字化、信息化、网络化环境下文化发展主导权；加快公共文化服务体系建设，创建学习型社会，保障人民群众基本文化权益；有助于实现全国公共图书馆资源与服务共建共享，整体提升图书馆服务水平，促进图书馆事业均衡发展。

二、工程建设内容

"数字图书馆推广工程"（以下简称"推广工程"）是由国家图书馆和全国各级公共图书馆共同参与建设的，工程致力于在国家数字图书馆和各地数字图书馆建设成果基础上，逐步形成一个覆盖全国、连通各级各类数字图书馆的网络体系，建设类型丰富、特色突出、结构合理的海量数字资源库群，实现资源的一站式集成、分级分布式调度，在全国范围内形成有效的数字资源共建共享与联合保障体系。同时依托互联网、移动通信网、广电网等网络通道和手机、数字电视、移动电视等新兴媒体，打造多层次、多样化、专业化、个性化的数字图书馆服务平台，形成覆盖全国的数字图书馆服务体系，从整体上提升全国公共图书馆服务能力，使数字图书馆建设成果惠及全民，推动公共文化服务体系跨越式发展。

在"数字图书馆推广工程"的初期规划中，其建设内容包括：

1.构建覆盖全国公共图书馆的数字图书馆虚拟网

推广工程计划将国家数字图书馆工程已建成的标准规范、软硬件系统和资源建设成果在全国各地公共图书馆推广使用，构建以国家数字图书馆为核心，以省级数字图书馆为主要节点，覆盖全国公共图书馆的数字图书馆虚拟网，支持全国各地数字图书馆之间资源与服务的全面共建共享。

2.建设分级分布式数字资源库群，实现数字资源无障碍共建共享

推广工程将建设分级分布式数字资源库群，在全国范围内形成有效的数字资源保障体系；依托覆盖全国公共图书馆的数字图书馆虚拟网，建立数字资源共建共享机制，实现全国公共图书馆资源与服务的无缝集成；采取资源互换等方式实现各级公共图书馆自建数字资源为全国数字图书馆用户服务；通过集中采购、统一认证等方式，实现商业数据库资源的共享。

本着分步实施的建设原则，推广工程将依托全国各级公共图书馆，建立若干数字资源建设中心、数字资源保存中心以及数字资源服务中心，实现数字资源建设、保存、服务的统一规划、分布式建设和保存，集中调度和管理，避免重复建设，改善数字资源建设发展不均衡的状况。到"十二五"末，各级公共图书馆的数字资源量得到较大、均衡的增长，数字资源总量达到10000TB，每个省级数字图书馆数字资源量达100TB，每个市级数字图书馆数字资源量达30TB，每个县级数字图书馆数字资源量达4TB。

3.建设多层次、多样化、专业化、个性化的数字图书馆服务平台

"数字图书馆推广工程"将在构建海量分布式资源库群的基础上，对数字资源进行有效的组织、整合、知识挖掘，实现元数据集中与统一检索，依托互联网、移动通信网、广电网，建立满足不同需求的数字图书馆服务平台，为中央与地方各级政府的立法与决策工作提供信息服务；为科研院所、企事业单位及研究型用户提供深层次、专业化信息与知识服务；为广大社会公众以及未成年人、残疾人等特殊人群提供多样化、个性化的数字图书馆服务；通过新技术应用，提供基于移动通信网的移动数字图书馆服务、基于广播电视网的数字电视服务。

海量资源库群的建设成果将广泛应用于全国文化信息资源共享工程、公共电子阅览室建设等国家重点文化建设项目中，为各项文化工程提供优质数字资源服务。各级数字图书馆从分布存储的海量资源库群中获取数字资源对象数据，用于本级数字图书馆的综合服务，形成覆盖全国的、分级分布的数字图书

馆服务体系。

三、工程实施步骤

推广工程的实施包括软硬件平台搭建、资源建设、新媒体服务构建及人员培训等内容。按照工程的最初规划，2011—2012年为推广工程基础构建阶段，完成省级数字图书馆和部分市级数字图书馆的硬件平台搭建工作，并与国家数字图书馆进行网络连接，初步建成数字图书馆虚拟网。启动数字资源建设中心、数字资源保存中心和数字资源服务中心的建设、"数字图书馆推广工程"软件平台的建设以及主要资源库的设计。2013—2015年为推广工程全面推广阶段，除完成所有市级馆的硬件平台搭建工作外，汇聚整合全国各级数字图书馆的文献资源，向全国公众和业界提供统一揭示服务；在扩大数字图书馆覆盖范围的同时，持续增加数字资源数量，加大对新媒体服务力度，不断创新，提高数字图书馆服务能力，提升公共图书馆服务水平。

推广工程的实际实施周期比上述规划要长一些。一方面，工程在全国的实施范围非常广泛，从省到市并进而辐射到县级公共图书馆和有条件的基层服务点，还有许多原本不属于推广工程计划实施范围的图书馆后期也相继向文化部提出申请，希望能够加入推广工程，比如全国的少儿公共图书馆2014年开始被归入推广工程实施范围，并逐年覆盖一部分，个别图书馆到2018年才开始网络和硬件平台建设。另一方面，随着数字图书馆自身的发展，软件平台不断更新，资源和内容不断丰富，推广工程的共建共享内容也在不断拓展和更新，加之全国各地的区域差异较大，软件平台、资源库、服务推广等项目的实施都持续到了"十三五"时期。

四、工程推广目标

结合前述数字图书馆推广工程的建设内容和实施规划，工程推广工作的主要目标包括：

1.促进相关方建立对推广工程的正确认知，确保工程顺利实施和科学有序发展

推广工程的顺利实施不仅需要管理层的支持，同时也需要得到全国各级数字图书馆的实施部门支持，以便获得各方面的条件保障，因此工程推广工作的

首要任务就是促进各方对工程建设内容的清晰认知，提高其加入推广工程的积极性，加大对推广工程建设的投入，使各项工作开展得更加顺畅高效。

2.提升数字图书馆的品牌形象和社会影响力，提高数字图书馆服务效能

数字图书馆推广工程在全国建立互联互通的专用网络、开展资源与服务的共建共享，目的就是要推动数字图书馆建设成果的高效利用。因此推广工程推广工作的另一重要目标就是要将推广工程的建设成果通过前沿的技术手段、交互体验的方式及时向全国业界及公众进行展示和推广，使更多公众了解数字图书馆和推广工程，学会使用数字图书馆的各种资源和服务，使读者形成使用数字图书馆资源与服务的偏好和习惯，提高全社会对数字图书馆的关注度和利用效率。

在推广工程的不同实施阶段，推广目标也有不同的侧重点。比如在推广工程启动初期，推广工作最重要的是确保各地公共图书馆对推广工程有准确清晰的认识，并促进其能够积极参与到推广工程的建设中；随着工程实施范围的不断扩大，实施成效也日益显著，初期的理念普及需求就弱化下来，将国家数字图书馆成熟的网络技术、软件平台和资源成果面向全国推广则成为实施重点，如何将这些项目成果借助合适的方式高效地推送到最需要的图书馆，成为工程中期推广的重要目标；而工程在全国实现了网络和硬件全覆盖之后，软件平台和资源建设也形成了一定的集群效应，这时候的推广目标就集中到了服务推广上，尤其是借助各种新媒体渠道，与各级图书馆合作，共同推动各类数字图书馆服务的全面推广。

推广目标在不同阶段有不同的侧重点，决定了不同阶段所选择的推广策略也各有差异，有些推广策略可能是贯穿全程，有些则是短期实施，因此一定要结合不同阶段的重点推广对象特点和需求来选择最适合的推广策略。这点将在后文逐步展开介绍。

第二节 用户研究

推广工程作为一个持续多年实施的数字图书馆项目，无论是整体推广规划的制定，还是年度推广计划的分解，以及某次具体推广活动的开展，都需要对推广对象的特点和需求有足够的了解，因此针对推广对象的需求跟进和研究分析不可能一蹴而就，而是需要分阶段多次开展，并且要根据情况变化来相应调

整政策和工作安排。

本节重点研究两类推广对象：以全国各省、市、县级公共图书馆为代表的推广工程实施方，以及借助各地图书馆的服务所延伸到的数字图书馆终端用户。针对全国各级公共图书馆，推广工程的用户研究主要是了解各地数字图书馆建设情况和建设需求，这方面国内当时几乎没有全面系统的调研，因此针对各地图书馆的调研是由推广工程自主开展的。针对数字图书馆的终端用户研究，推广工程办公室自主开展过一次比较大规模的调研，此外还结合具体活动或者项目需求开展了许多小范围针对性用户调研。

推广工程是一项公益性文化工程，主管部门的理解和支持将为工程顺利实施提供最为重要的资金和政策保障，各级图书馆的参与馆员是工程顺利实施的人力保障，因此各级文化主管部门和图书馆馆员也是推广工程重要的推广对象，本书将这两类群体视为内部推广的范畴。

一、全国数字图书馆研究

推广工程所开展的全国数字图书馆研究大多以问卷调查法、访谈法、文献调研法为主，辅以观察法等其他方法。在调研对象的选取上，以全面调查为目标，但是根据不同发展阶段的需求差异，调研范围也有一些调整，具体分为全国性调研和区域性调研。

（一）全国性调研

在推广工程启动之前和实施过程中，国家图书馆先后多次牵头开展了全国数字图书馆的建设情况调研，这些研究也是推广工程开展的非常具有开创意义和示范效应的工作，尤其是在调研范围的广泛性、调研项目的全面性以及调研报告的及时公开分享等方面。比较重要的几次调研有：

1. 2010年11月全国44家副省级以上公共图书馆的数字图书馆建设情况调研

该调研采用电话、问卷调查和网站调研等多种方式相结合，问卷发放44份，回收41份，样本覆盖省级图书馆27家，市级图书馆14家，其中东部地区图书馆19家，中部10家，西部12家。通过将各种调研方式所得反馈进行汇总、统计和分析，调研组总结出当时全国副省级公共图书馆数字图书馆建设的一些特点及问题，为推广工程的项目策划和申报提供了重要参考。部分调研情况如下：

调研内容涉数字图书馆基本建设情况、基础设施情况、数字资源建设情况等多个方面。从数字图书馆建设情况看，截至2010年11月，全国副省级以上公共图书馆中，有40家图书馆都已经开始或正在立项建设数字图书馆，占调研总数的95.6%，其中有13家图书馆正在规划新馆建设，并在新馆建设的同时规划其数字图书馆建设，占调研总数的31.7%。

在数字资源建设方面，41家图书馆全部都购入了商业数据库，各馆共采购数据库651个，总容量达677TB，其中省级图书馆外购数据库462个，容量为473.73TB，市级图书馆外购数据库189个，容量为203.51TB；有39家图书馆建设了具有本地特色的数字资源库，占调研总数的95%，各馆自建数据库总数量达540个，总容量达244TB，其中省级图书馆自建数据库348个，容量为174.77TB，市级图书馆自建数据库192个，容量为68.99TB。

同时，调研也发现我国公共图书馆的数字图书馆建设中还存在着许多亟待解决的问题，例如：各数字图书馆缺乏开展资源建设与服务的统一平台；基础设施建设和数字资源建设重复现象严重；各数字图书馆系统之间缺乏共建共享和互联互通；标准规范不统一；各地区数字图书馆发展不均衡；服务方式有待创新，尤其是基于新媒体的数字图书馆服务有待拓展；普遍缺乏数字图书馆建设人才等。

2. 2012年6—9月全国217家省市级公共图书馆的数字图书馆建设情况调研

该调研重点通过向全国各地省市级公共图书馆的办公室（或馆长）发放电子或纸质调研问卷，辅以电话、网络调研和面对面交流，调研共回收问卷198份，样本覆盖东、中、西三个区域内的多家省、市级公共图书馆。其中，东部地区图书馆63家、中部地区62家、西部地区73家，省级图书馆32家、副省级图书馆17家及市级图书馆149家。该调研是推广工程实施后首次大规模的调研，省级公共图书馆的覆盖率是97.0%，市级以上公共图书馆的覆盖率近60.0%，由此推广工程也掌握了包括市级图书馆在内的全国数字图书馆的整体发展情况，其中市级图书馆的建设情况更是为推广工程细化从省级到市级的推广方案、确定相应实施指标提供了一手资料。该调研结果在专著《我国数字图书馆发展研究》[①]中有详细介绍和分析，调研问卷详见本书附录A。部分调研情况如下：

硬件设施建设是数字图书馆各项业务建设的基础保障，也是搭建标准化的数字图书馆服务平台的先行基础。各地经过多年的数字图书馆建设，基础平台

---

① 李晓明. 我国数字图书馆发展研究[M]. 北京：国家图书馆出版社，2014.

的建设成果尤为显著。2012年省级图书馆用于存放设备的机房面积均值高达158.62m²；全国47.2%的图书馆计算机终端达100台以上；省级图书馆平均存储能力提高到76.22TB，相较于2010年增长了11.5%。总量超过三分之一的市级图书馆基本具备了开展数字图书馆基础建设与服务的硬件条件。省级数字图书馆的带宽均值从2010年的199.8Mb/s提高到了256.9Mb/s，46.1%的图书馆带宽达100Mb/s以上；副省级以上图书馆无线网的覆盖率高达78.6%，比2010年提高27.6%。在软件平台建设方面，大多数省级馆和部分市级馆已开展数字图书馆软件系统应用，电子阅览室管理系统、网站内容管理系统、资源统一检索系统、数据资源加工和发布系统、流媒体点播服务系统5类软件系统的配置率超过30%，其中电子阅览室管理系统配置率达到69.2%。此外，超过一半的省级图书馆开展了数字图书馆各业务软件的购买与开发，多数省级图书馆具备了数字图书馆建设与服务的技术基础；市级图书馆情况差异较大，一些相对深层的资源加工和图书馆创新服务（如专业扫描、摄像、RFID、移动数字图书馆服务等）的软硬件条件尚未具备。

截至2012年底，我国共有县级以上公共图书馆3076个，文献总藏量达7.89亿册/件[①]，数字资源总量达5050TB。各地图书馆立足历史文化传统、结合区域特色和经济社会发展需求，不断开展地方特色资源建设工作，形成了一批高质量的地方特色资源品牌。例如，福建省图书馆的闽南文化、客家文化的特色专藏，甘肃省图书馆的西北地方文献资源数据库，四川省图书馆的四川文化艺术精品数据库。特色鲜明的优秀数字资源对公共图书馆教育公众、服务社会、传承文明起到了巨大的促进作用。然而，数字资源建设水平不均衡现象严重，东部地区有近75%的公共图书馆都开展了自建资源建设，而这一比例在西部地区尚不足50%。中西部地区数字资源加工能力偏低，没有发挥中西部地区图书馆的馆藏优势。同时，由于缺乏全国范围的统筹规划与管理，许多图书馆针对同一文献或同一事件、历史人物都进行了数字化建设，使各地自建数据主题同质化现象严重，造成了资源的冗余。另外，各馆商业数据库购买重复现象严重，造成了各馆数字资源建设与采购经费的浪费。

---

① 中国图书馆学会,国家图书馆.中国图书馆年鉴2013[M].北京:国家图书馆出版社,2013:452-454.

从外购及自建数字资源的访问控制及服务方式来看，我国东部地区各图书馆更倾向于认证方式及开放使用。中、西部地区的资源开放程度与东部地区形成了重大差异。在中西部地区多数数据库只能在馆内访问，并且自建数据库数量较东部低。中西部地区属于多民族地区，民族文化丰富，但是自建数据库的数量却低于东部地区。而据美国图书馆协会2011—2012年的调研数据[①]显示，美国各州公共图书馆中，76.3%的图书馆拥有电子书资源，已授权数据库的服务比例很高，约98.7%的数据库资源支持到馆访问和远程访问。而加拿大图书馆2010年的调研报告[②]显示，加拿大公共图书馆每馆拥有的到馆访问数据库约36.2个，远程访问数据库约82.8个；相比之下，不论是外购数据库还是自建数据库，我国数字资源服务的开放程度与美国等发达国家相差较大。

此外，在服务推广渠道方面，触摸屏、移动终端、数字电视以及Web2.0技术等新媒体服务已经在图书馆开展使用，但是其覆盖面并不广泛。其中触摸屏、移动终端服务在图书馆使用较多，但是两者整体的覆盖率均没有达到50%，且不同地区和不同级别的图书馆使用覆盖率差异较大。对于数字电视这种新型的服务来说，图书馆使用率更为低下，全国提供这种服务的图书馆屈指可数。在Web2.0技术应用中，微信作为最时尚、热门的社交网络已经被图书馆所重视，但是开通官方微信的图书馆数量很少，并存在一些问题，如微信粉丝数量少，普及度和影响力尚不够，动态性和活跃度不够等。这些调研结果均表明，我国公共数字图书馆的新媒体服务推广有待进一步加强。

3. 2013年以来数字图书馆推广工程实施情况年度报送

按照文化部要求，从2013年开始，各省市级图书馆要按季度汇总并上报本地区推广工程的实施情况，国家图书馆负责汇总全国的实施情况上报文化部。由于报送范围非常广，层级也比较多，后期这个报送工作的周期调整为年度报送。借助这项报送工作，推广工程办公室不仅每年或者每半年对各地的推广工程建设进展有了及时跟进，也对各地的数字图书馆整体建设情况有了更全面的了解。由于每年都有新增加入推广工程实施范围的图书馆，因此每年的实

---

① ALA. Libraries connect communities: public library funding & technology study 2011-2012[J]. American libraries, 2012(summer): 27-46.

② Canadian Urban Libraries Council. 2010 Canadian public library statistics[EB/OL]. [2019-05-05]. http://www.mississauga.ca/file/COM/2010CanadianPublic_LibraryStatistics.pdf.

施情况报送范围也都有变化。

以2016年底的实施情况报送为例。截至2016年上半年，全国共有40家省级图书馆和478家地市级图书馆开展数字图书馆推广工程建设，各级财政对数字图书馆推广工程的经费投入总额累计达9.16亿元，包括中央财政投入资金8.31亿元，地方配套资金8499万元。全国31个省（区、市）开展省内虚拟网、专网搭建工作，累计联通地市级图书馆259家，各地网络带宽值不断扩充，省馆平均接入带宽达472.65Mb/s；地市馆平均接入带宽100.91Mb/s。硬件设备陆续到位，已有33家省级图书馆和341家市级图书馆完成硬件配置，分别占已实施省、市级图书馆的82.5%和71.3%。各地用于数字图书馆建设的网络设备、存储空间、服务器等硬件实力有了大幅提升，省馆平均存储377.94TB，地市馆平均存储50.73TB；省馆服务器平均54.94台，地市馆服务器平均8.98台。

各级图书馆结合地方特色，依托馆藏资源，建设了一批内容丰富、形式多样的优秀数字资源，扩充了数字资源保有量。全国省市级图书馆资源建设总量已达10877.89TB，其中自建资源总量1889.08TB，上海图书馆自建资源303.98TB，新疆维吾尔自治区图书馆自建资源65TB，深圳市图书馆自建资源48TB，福建省图书馆自建资源73TB，安徽省图书馆自建资源58.996TB。全国共有279家省市级图书馆参与推广工程资源联合建设工作。推广工程提供超过140TB的数字资源为全国共享，统一用户管理系统实名用户超过741万人；2016年上半年，推广工程网页访问量达90.1万人次，全国省、市级公共图书馆共计组织开展活动4806次，吸引2645463人次参与；全国共开展区域培训1420次，培训人数15313人次。

上述是推广工程开展的几次比较重要的全国性调研，随着推广工程实施范围的不断扩大，调研范围也不断扩大，调研指标也在不断完善，从问卷设计、问卷发放回收到后期的数据录入和整理的全流程也都越来越科学规范，同时类似实施情况报送这样的工作持续多年，积累了大量宝贵的一手资料，不仅有利于开展横向的各区域比较研究和纵向的发展性研究，也为工程的推广实施提供了宝贵而翔实的数据支撑。

（二）区域性调研

除了上述全国性调研，推广工程也在实施过程中结合不同的推广需求和项目实施情况开展了十余次区域性的调研，通过特定区域图书馆调研或者不同类型图书馆的取样调研来快速了解基层的情况，从而为实施某一政策或者项目方案积累经验，也为全国推广提供了初步反馈意见。其中比较有代表性的调研有：

（1）2011年初面向三个省份图书馆的调研。该调研是一次实地试点调研，由国家图书馆多部门合作组成调研小组，分赴山西、湖北、福建三个省份开展，通过调研和交流对三地实施数字图书馆的需求和现状有了更全面的了解，也据此完善了相关的软硬件配置、资源配置方案。

（2）2012年开展的七家省级图书馆和十一家市级图书馆的调研。此次调研是实地走访调研，是借助2012年初推广工程派师资到地方图书馆开展理念普及培训的契机实施的，调研的对象是经过综合分析遴选出的东、中、西部地区有代表性的省级和市级图书馆。在实地调研和业务交流过程中，各地图书馆为推广工程的下一步实施集思广益，尤其是在经费拨付方式、运行机制、网络架构以及资源加工等方面提出了许多建设性的意见。

（3）2013年面向全国部分省级图书馆开展的问卷调研。这次调研在推广工程启动数字图书馆专网建设之前，一方面是明确各地参与建设的意愿，另一方面也通过调研确定了分阶段、分批次实施计划，保障专网建设顺利实施。

（4）2014年的少儿图书馆问卷调研。这次调研是在推广工程将全国少儿图书馆纳入实施范围之前的一次摸底调研，通过调研了解当时全国少儿图书馆的数字化建设现状、服务情况和大致规模，为后续制定推广政策提供了重要参考。

（5）2015年针对部分县级图书馆进行的资源推广专项调研。推广工程办公室面向部分县级图书馆进行了电话抽样调研，重点了解此前国家图书馆向基层推送的1TB硬盘资源的使用效果、当地目前的资源需求和对资源使用方式的偏好等方面内容。在该调研的基础上，推广工程策划了"基层图书馆数字资源提升活动"，组织了一批总量4TB的优秀数字资源，借助网络推送到全国各地县级以上（含县级）基层图书馆，并在版权许可范围内积极向县级以下更广泛的基层推广。

（6）2016年贫困地区图书馆文化帮扶需求调研。该调研是在七部委联合下发文件《"十三五"时期贫困地区公共文化服务体系建设规划纲要》之后、推广工程启动贫困地区文化精准帮扶工作之前开展的。推广工程办公室先后通过电话、问卷和实地走访的方式调研了中西部地区三省共八家县级图书馆的情况，为后续制定精准帮扶方案、细化资源和网络服务配置提供了直接的需求反馈。

除此之外，推广工程还开展了许多区域性调研，比如面向15个省馆的自建和外购数字资源调研、独立建制少儿图书馆调研等。除了比较正式的问卷、实地走访调研以外，推广工程办公室也经常借助微信、QQ等即时通讯软件在工程实施的各个工作群中进行随机调研和需求摸底，或者与比较熟悉的地方馆对接人通过电话进行沟通和调研，多种方式并行，来获取实施馆对于相关政策、项目或者活动的反馈意见，以及各地的基本情况和需求。这些调研也在推广工程的推广工作中发挥了重要的支撑作用。

二、数字图书馆用户研究

数字图书馆用户是一个非常广泛的群体，国内外针对这一群体的研究非常多，而且也具有许多相似性，因此，推广工程的数字图书馆用户研究是自主开展调研和借鉴已有研究成果相结合的。

推广工程自主开展过一次比较大范围的用户调研，通过网络和实体问卷了解网络用户和到馆读者对数字图书馆的需求差异，同时也对数字图书馆可以触达的用户群体进行了大致画像。之后开展的用户调研一般都是特定范围的，主要是结合推广工程的具体项目或活动需求开展的，比如"网络书香西部行"项目、"网络书香过大年"和"基层数字图书馆提升计划"等活动在开展前期，都通过问卷针对部分地区用户进行了需求摸底。除了自主开展的用户调研以外，推广工程也非常注重对国内外已有相关研究的跟进学习，以便及时把握互联网用户的需求变化、阅读趋势的变化等，从而针对性地进行数字图书馆服务的创新和推广活动的策划。

（一）推广工程自主开展的用户研究

2014年数字图书馆推广工程办公室面向网络用户和各地到馆读者做了一次用户调研，问卷调查自2014年5月20日开始，到2014年6月10日结束，共发放问卷1442份，回收有效问卷792份，回收率为55%。问卷发放分为两种途径。

第一种途径，按照尽量覆盖各区域，兼顾发达地区、欠发达地区和民族地区的原则，选取包括国家图书馆在内的13家各级、各地公共图书馆，邀请到馆读者填写问卷。实施方通过邮件的方式回收问卷，并将有效问卷录入问卷调查网站"问卷星"加以分析。该种途径共发放问卷530份，回收有效问卷477份，回收率为90%。选取的图书馆中，国家图书馆共发放问卷150份，回收有效问卷120份，回收率为80%；东部地区5家（山东省图书馆、天津市图书馆、福建省图书馆、广东省立中山图书馆、浙江省宁波市图书馆），占38%，共发放问卷150份，回收有效问卷139份，回收率为93%；中部地区3家（河北省图书馆、山西省图书馆、湖北省图书馆），占23%，共发放问卷100份，回收有效问卷99份，回收率为99%；西部地区4家（甘肃省图书馆、贵州省图书馆、内蒙古自治区图书馆、广西壮族自治区图书馆），占31%，共发放问卷130份，回收有效问卷119份，回收率为92%。

第二种途径为委托问卷调查网站"问卷星"，面向社会公众发放问卷，以弥补第一种发放途径中对非图书馆读者的缺失。共发放问卷912份，回收有效问卷315份，回收率为35%。回收的问卷利用"问卷星"的统计与分析功能进行辅助研究。因上述两种问卷发放途径针对的对象有所差异，因此对两类问卷分别进行统计，并进行对比分析。

调查问卷以"数字图书馆用户需求调查"为名，共设置23道题目，旨在了解用户对当前数字图书馆的需求、建议和反馈，从而为数字图书馆改善服务、提升用户体验提供参考，问卷和调研结果详见附录A.2和A.3。

（二）国内外相关用户研究

推广工程自主开展的用户研究针对性比较强，但是调研范围还是比较有限，尽管可以借助各地图书馆进行服务延伸，但是跟互联网用户的群体相比还是小很多，而且大范围开展调研非常耗时耗力，实际的调研结果可能与国内外已有的调研相比差异度并不那么大。他山之石，可以攻玉。因此，推广工程在结合具体项目或者活动开展自主调研之外，还非常注重及时跟进国内外相关的用户调研。跟进的范围并不局限在图书馆领域开展的用户研究，而是包括更广泛的领域，与数字阅读和信息服务相关的互联网用户研究都是值得关注的。

此处列举一些比较有规模并且持续发布的研究以备参考。

1.中国互联网络信息中心（CNNIC）每年发布的《中国互联网发展状况统计报告》等相关研究报告[①]

中国互联网络信息中心自1997年开始跟踪我国互联网上网计算机、用户人数、用户分布、信息流量分布、域名注册等方面情况的统计，每年或每半

---

① CNNIC. 互联网发展研究报告下载［EB/OL］.［2019-12-05］. http://www.cnnic.net.cn/hlwfzyj/hlwxzbg/index.htm.

年发布一次《中国互联网发展状况统计报告》，以便掌握我国互联网发展情况，为相关企业或者机构提供决策依据。截至2019年12月，该报告已发布44次，是我国目前为止在互联网发展和互联网用户研究方面最全面和权威的报告。

而中国互联网络信息中心除了互联网发展报告以外，也会定期发布网民搜索行为报告、社交应用用户行为报告、手机网民娱乐行为报告、农村互联网发展报告、青少年上网行为报告、网民网络视频应用研究报告等一系列研究报告，对于了解当前我国互联网用户行为特征与整体发展状况具有重要的参考价值，也是诸多数字图书馆用户研究的基础数据来源。

2.中国新闻出版研究院历年发布的《全国国民阅读报告》[1]

中国新闻出版研究院自1999年开始组织开展全国国民阅读调查，该调查采取城市抽样和入户问卷调查相结合的方式，对我国国民的纸质阅读和数字阅读情况进行了调查，包括阅读量、阅读媒介、阅读内容、阅读倾向等内容。截至2019年12月，该报告已发布十六次，是当前我国国民阅读行为研究方面最为权威的研究报告，也是了解国内数字图书馆用户信息需求和用户行为特征非常重要的参考。

3.艾瑞咨询相关阅读报告[2]

艾瑞咨询公司自2014年开始每年发布有关数字阅读方面的研究报告，最初是只针对中国数字阅读用户行为的研究，包括用户的阅读行为、阅读题材和付费意愿等，后来逐渐扩展到整个数字阅读行业的研究，包括行业发展动态、发展现状和企业分析等，但是数字阅读用户分析仍然是其中重要的内容。截至2019年12月，该公司发布数字阅读、移动阅读等方面与用户研究关系紧密的研究报告有16份，全部免费发布，其研究对象大多是商业图书销售平台或者互联网阅读平台用户，且不局限某一个平台，对互联网上的数字阅读用户画像较为全面，这些用户也是数字图书馆潜在的目标群体，因此报告对于了解这些用户的行为特征和需求是非常有参考价值的。

4.中国音像与数字出版协会发布的《中国数字阅读白皮书》

中国音像与数字出版协会自2015年开始发布年度数字阅读白皮书，从"产

---

① 中国新闻出版研究院.全国国民阅读报告[EB/OL].[2019-12-05].http://cips.chinapublish.com.cn/kybm/cbyjs/cgzs/201604/t20160419_173544.html.

② 艾瑞咨询.研究报告——阅读[EB/OL].[2019-12-05].https://s.iresearch.cn/report/%E9%98%85%E8%AF%BB/.

业"和"用户"两个视角分析数字阅读产业的发展和变化，聚焦近期行业热门话题。截至2019年12月，共发布5份白皮书报告。该系列报告基于咪咕阅读平台的数亿用户，可以作为了解数字阅读用户特征的另一个选择，也可以与其他报告进行对比研究。

5. Statista公司的相关统计报告[1]

Statista是一家成立于2007年的数据统计互联网公司，主要是根据用户需求开展定量数据、统计资料和相关信息的研究，提供研究报告和数据展示服务。数据来源主要来自市场和民意研究机构，也包括一些商业组织和政府机构，其中属于该公司内部自有调查统计数据占25%，来自合作伙伴的二手数据占45%，还有30%的数据来自公开数据。在其网站上可以查到最新的关于各国互联网用户的一些统计数据和研究报告，其中也有中国的，部分数据是免费的，但是更详细的报告、更清晰的统计图表都是收费的。该公司的许多统计数据图表常常被引用，其数据展示图非常有设计感和视觉冲击力，简洁明了，对于我们开展用户数据分析或者相关宣传推广的视觉设计而言也是一种学习。

6. OCLC开展的用户研究[2]

作为图书馆行业非常有影响力的信息机构，OCLC所开展的用户研究更聚焦从图书馆视角所关注的用户行为变化及其对图书馆工作的影响，包括互联网技术影响下用户搜索行为和搜索习惯的变化、用户信息素养、信息环境对于用户参与度的影响、社交网络对用户学习行为的影响等，通过研究反思图书馆的相关工作，进而提出一些建议。这些研究对于了解当前其他国家和地区的用户行为特征以及图书馆的业务创新趋势是很有帮助的。

除了以上这些由机构定期发布的研究报告以外，还有诸多国内外学者个人开展的学术研究，可以通过学术数据库进行搜索获取，此处不再展开介绍。定期跟进这些研究可以让我们及时了解互联网用户和数字阅读用户的行为特征和发展趋势，因此也是推广工程数字图书馆潜在用户研究的重要参考。

---

① Statista. Statistics and market data about the Internet [EB/OL]. [2019-12-10]. https://www.statista.com/markets/424/internet/.

② OCLC. User research publications [EB/OL]. [2019-12-05]. https://www.oclc.org/research/areas/user-studies/publications.html.

第三节　推广策略制定

前面我们提到过数字图书馆推广可借鉴的一些营销理论对于制定推广战略战术是非常有参考价值的，比如STP营销理论、营销组合理论和整合营销传播理论。推广工程推广策略的制定融合了多种营销理论的核心理念，比如借鉴STP理论制定针对各地图书馆和数字图书馆终端用户的差异化推广策略，借鉴营销组合理论的不同流派制定最适合推广工程不同阶段发展需求的组合推广策略，而整体的推广工作中都体现着整合营销传播的核心理念：受众导向、多种营销渠道综合运用、注重与用户互动的品牌关系等。

一、整体推广策略

整体推广策略要具有一定的稳定性，能够在一定时期内对各项推广工作产生指导，同时还要有调整空间，能够不断适应环境和需求的变化。推广工程的整体推广策略可以概括为服务核心、循序渐进，量体裁衣、星火燎原。服务核心、循序渐进是指各项推广工作都要以推广工程的建设需求为核心，从促进工程科学良性发展的角度去规划设计，主次分明，并且能够根据工程发展需求的变化合理调整推广策略。而量体裁衣、星火燎原是指推广工作要针对不同群体制定个性化推广策略，同时要能够抓住推广的关键群体和群体的关键需求，以点带面，逐步拓展到更广泛的范围。

这一定位充分体现了各项推广工作要紧密围绕工程在不同阶段建设需求的变化和推广对象差异化的特点而开展。同时，策略内部也是相辅相成的，比如某一时期的组合推广战略在具体实施时，会针对不同的推广对象有差异化处理，而工程在不同时期针对同一对象也有不同的推广策略。

（一）服务核心、循序渐进

在"服务核心、循序渐进"的整体策略指导下，推广工程制定了不同发展阶段的推广策略组合，每个阶段都紧密围绕建设需求进行策略组配，主次分明，循序渐进。按照推广工程的建设方案，2011—2012年是基础构建阶段，2013—2015年是全面推广阶段。2015年之后，推广工程针对实施进展和新的公共数字文化建设精神又明确了"十三五"时期的建设方向。针对上述不同阶段建设需求的差异，推广工程的推广策略也各所侧重，具体如表5-1所示。

表5-1 数字图书馆推广工程不同阶段组合推广策略表 ①

时间	品牌推广	产品推广	渠道推广	内部推广
2011—2012年	***	*	*	***
2013—2015年	*	***	**	***
2016年以后	***	***	***	*

具体内容如下：

1. 2011—2012年：以品牌推广和内部推广为重点，产品推广为辅，探索性开展渠道推广

在基础构建阶段，推广工程面临的最大困难就是各地图书馆对工程缺乏清晰的认知，而许多基础薄弱的中西部地区图书馆甚至对数字图书馆的认识非常有限，因此推广工作的首要任务就是使各方建立起对数字图书馆和推广工程的正确认识，从而提高他们参与工程建设的主动性。因此，品牌推广和内部推广是这个阶段的推广重点。此时的品牌推广以推广工程整体的品牌形象包装设计与广泛植入为核心，而内部推广的重点则是向各级主管领导和各地图书馆参与建设的馆员进行理念的普及，解决大家在"推广工程要干什么""推广工程对我们馆有什么帮助""我们要做什么"等方面的疑惑，从而能够提高各地的建设积极性，统一建设思路。

与此同时，为了推动这一阶段的业务目标顺利达成，推广工程还需要将国家数字图书馆已建设完成的基础平台成果和网络规划进行包装，向各地方馆开展产品推广，促使早日建成一个互联互通、分级分布式数字图书馆的网络体系，为后续的数据传输和服务共享提供坚实的网络基础。因此，这个阶段的产品推广虽然不是推广的首要任务，但是也非常重要，并且将重点围绕网络和基础平台的推广开展。

此外，由于这一时期的推广工程还刚刚起步，建设成效尚不显著，推广渠道和媒介合作也都正在摸索，因此渠道推广并不是当前阶段的重点，主要是依

① 注：此处以 * 数量来表示该策略在某个阶段的推广重要程度，*** 最高，* 最低。

托已有各种资源进行合作探索和效果评估。

2. 2013—2015年：以产品推广和内部推广为重点，品牌推广为辅，积极拓展渠道推广

经过两年多的建设，推广工程进入全面推广阶段，此时业内积累了一定的认知度，尤其是随着中央转移支付经费的到位，各地图书馆参与工程建设的热情高涨，品牌推广的需求就不是那么迫切了。而随着地方图书馆逐步启动推广工程的各项建设，他们的关注重点也从"工程要干什么"转变为"一个个具体项目怎么干"，这时候产品推广的需求更加迫切，尤其是围绕数字资源联合建设、统一用户管理系统、移动数字图书馆等一系列资源和服务建设项目开展产品推广。与此同时内部推广仍然是重点策略，因为产品推广之后，这些任务的落地实施都依赖于各地图书馆员，因此这一阶段的内部推广重点是提高馆员的业务水平和专业技能，使之能够适应工程的建设需要。

品牌推广的需求仍然存在，但并不是最主要的任务，并且随着工程建设成效逐步显现，品牌推广的策略将进一步调整，从主要面向各级图书馆的推广工程品牌推广过渡到面向公众的数字图书馆品牌推广，尤其是借助工程建设的初步成果进行一些服务品牌的塑造。

而这一阶段的渠道推广在前期积累的经验基础上，需要积极进行合作范围拓展，尤其是要借助各类新兴媒体、各级图书馆的力量，将工程的建设成果和建设成效及时进行宣传，提高工程的社会影响力。同时在日常工作中要重视对工程建设进展、成效等各方面宣传素材的积累和整理。

3. 2016年及以后：品牌推广和产品推广为重点，内部推广为辅，深度开展渠道推广

随着工程各项建设目标基本完成，覆盖全国的网络体系不断完善、数字资源成果日益丰硕、新媒体服务范围全面拓展，此阶段面向图书馆馆员和各级主管领导的内部推广需求变弱，而面向数字图书馆终端用户的品牌推广和产品推广需求日益迫切。但此时的品牌推广不是要进行推广工程整体品牌形象的强化，而是要逐步建立起更多的子品牌，比如一些比较受欢迎的活动品牌或者服务品牌的塑造，此外，要注重对各地特色品牌的挖掘和宣传推广，从而能够吸引不同的用户群体，便于多点发力，不断扩大工程的影响力。而产品推广是要根据终端用户的需求，将工程的建设成果产品化，加大面向用户的宣传推送，

使更多的用户可以喜欢这些资源和服务，推动工程建设成果的全民共享。

在渠道推广方面，要推动平面媒体、电视广播媒体、网络媒体、新媒体等多种渠道的整合传播，深入挖掘各地在推广工程建设和服务过程中的成果和宣传线索，通过图文、音视频等多种更简洁直观的方式扩大传播范围，同时要加强与用户的互动，多方面提高推广成效。

（二）量体裁衣、星火燎原

前面介绍了推广工程的两类主要的推广对象：各级公共图书馆和数字图书馆终端用户，此外还有两类对工程建设非常重要的内部推广对象：各级图书馆的主管部门和图书馆的馆员。针对不同的推广对象，推广工程在推广时采用了"量体裁衣、星火燎原"的整体策略，这就意味着具体策略的制定不仅要考虑不同类型对象的特点差异，还要考虑到同一类对象内部仍然存在差异化，同时要注重以点带面，抓住某类推广对象中的核心用户，从而逐步推广到全体。

具体来说，针对不同类型对象的推广策略包括以下内容。

1.各级公共图书馆

从前面的用户研究情况可以看出，我国各级公共图书馆的发展具有很大的差异性，因此推广策略的制定也要分门别类进行。纳入推广工程实施范围的各级公共图书馆实际上是包括了省、市、县三级（有条件的基层文化服务点暂不考虑），并且是分布在经济发展水平差异较大的东、中、西部地区。因此推广工程针对此类对象的推广策略是，省级优先推广，以省带动地市级图书馆，进而辐射到县级图书馆。同时考虑到区域差异，在东、中、西部各选择1—2家作为推广试点，有了一定的推广经验和示范效果后再向其他地区拓展。

除此之外，结合国家出台的一些政策精神和工程不同发展阶段的建设重点，针对各级公共图书馆的推广策略也存在差异性。比如为响应中央提出的精准扶贫号召，2016年推广工程针对当年国家公布的839个贫困县制定了专门的推广方案。

2.数字图书馆终端用户

数字图书馆终端用户群体非常广泛，且分布较分散，所以很难对这一群体进行精准定位。推广工程从一些特定群体入手制定推广策略。比如针对少儿、残疾人、老人，还有手机用户、数字电视用户和到馆用户等不同的类型，分别制定相应的推广方案。

3.各级主管部门

向各级主管部门的推广策略核心就是加强沟通汇报，尤其是涉及工程建设理念、建设思路、建设成果方面的内容，推广方式也有别于其他类型的推广对象。针对各地主管部门，推广工程通过高级研修班、工作会议和专题展览等多种方式进行理念宣传、愿景描绘和成效展示，从而吸引主管部门对各地图书馆建设给予更多的政策和经费倾斜，推动各馆的数字图书馆建设。

4.图书馆馆员

馆员队伍是推广工程实施的中坚力量，因此推广工程针对馆员的推广是通过电话、社交媒体工作群等保持日常的沟通交流，通过展览、业务培训、跟班学习、学术研讨等多种渠道进行理念传达和业务知识的普及，从而不断统一馆员们的建设理念，提升他们的业务技能，为工程各项建设提供强有力的人员支持。

二、推广策略分项解析

在整体推广策略的指导之下，不同时期推广工程的策略组合会有差异，同时每种具体推广策略在制定时也充分结合工程的发展需求和自身特点，具体内容如下。

（一）品牌推广

品牌推广关键是要找准自身的品牌定位和期待在用户心中建立的独特形象，对于数字图书馆推广工程的整体定位而言，向各级公共图书馆传达"数字化现代化""合作共享"的概念是当务之急，因为数字图书馆是传统图书馆的创新，工程的顺利实施需要各级图书馆的参与和贡献；而向公众传达"内容优质海量丰富""服务免费方便快捷"的意思是核心要务，因为资源和服务才是公众最为关注的，是否方便好用、获取成本这些都是他们在选择信息服务时的重要考虑因素。因此在推广工程启动之初就制定了视觉设计、理念设计和品牌塑造等一系列品牌推广的具体措施。

1.全面渗透的视觉设计

视觉设计是品牌推广的重要一步，推广工程的视觉设计是从标识、宣传片、宣传册、易拉宝、文创用品等多方面推进的，通过统一的视觉标识、形象生动的视频解说、便于传播的小册子以及一些带有推广工程元素的、可反复使用的文化用品等来全方位进行视觉渗透，不断加深推广对象对工程的印象。

（1）视觉标识

醒目、统一的视觉标识更容易吸引推广对象的注意力，而多维度使用统一标识便于快速被推广对象所识别。推广工程也非常重视工程品牌标识的设计，一方面标识要突出"数字图书馆""推广"等基本元素，同时由于推广工程与国家数字图书馆的紧密关联，在设计时也充分考虑了两者在颜色和形式方面的延续性，同时注重各元素的结构比例，从而能够突出推广工程建设主旨，营造视觉冲击效果。最终设计标识如图5-1所示。

图5-1　数字图书馆推广工程标识

该标识的设计思路为：标识整体外形外圆内方，层次分明，庄严厚重，文化气息浓厚，凸显数字图书馆行业特性；同时标识以"国家数字图书馆"标识为核心，形象地表现了推广工程的目标是要将国家数字图书馆的建设成果在全国进行推广；标识外部是从"国家数字图书馆"标识延伸出去且纵横交错的线条，线条充满动感与现代科技感，寓意全国公共图书馆通过文化虚拟专网将实现互联互通、资源共享，标识内部的光影和色彩变化，科技感强，凸显推广、传播的含义。

由于工程是在全国范围内实施，为了保证各级图书馆在一系列宣传推广材料中能够规范、准确地使用该标识，推广工程还制定了标识使用规范，并下发各级图书馆，详见附录B。

（2）平面宣传册页

推广工程在整个实施过程中，先后设计或更新的纸质宣传册页多达十余种，结合工程的实施进展和建设需求，推广工程整体宣传册进行了三次改版、四次修订。三次改动较大的宣传册的内容变化和特点如下：

2011年版：发放对象是各级图书馆，侧重对全国图书馆进行数字图书馆建设的普及性介绍和愿景展示，尤其是对数字资源、基础设施、软硬件平台、标准规范等数字图书馆的要素进行了分项解析，以便各级公共图书馆能够对数字图书馆建设有个清晰全面的了解。

2013年版：发放对象是各级图书馆，侧重对推广工程整体建设方案的解析以及各项重点建设内容的分项介绍，尤其是虚拟网、唯一标识符等系统平台、政府公开信息整合等服务平台的介绍，以便参与实施的图书馆能够明确建设任务，并根据自身需求进行建设项目的选择。宣传册整体图文比例相当，部分页面文字较多。

2016年版：发放对象是各级图书馆和终端用户，侧重对"十二五"期间推广工程建设成果的总结和展示，尤其是移动数字图书馆、图书馆公开课、国家少儿数字图书馆、残疾人数字图书馆等涉及读者可获取资源与服务的推介，以便终端用户可以快速方便地获取所需资源与服务。而工程在基础设施和平台建设方面的成果相对比较简略。宣传册以图为主，以图表意，更加一目了然，相关服务或资源附有网址链接或二维码，方便读者访问。

（3）多媒体宣传片

推广工程宣传片共制作了两版，启动初期结合已有的国家数字图书馆分馆建设、国家数字图书馆县级推广计划等材料制作了推广工程宣传片，通过多媒体动画方式生动解析了数字图书馆构成和推广工程建设内容，时长近10分钟。

2015年底，推广工程重新制作了宣传片，通过具有冲击力的数据和场景展示来凸显推广工程的建设成果以及各地图书馆的建设亮点，强调数字图书馆与终端用户之间的联系，时长5分半。宣传片截图如图5-2所示。

图5-2　2015年数字图书馆推广工程宣传片截图

宣传片在推广工程的培训、展览、会议、读者活动等多种场合进行播放，有些图书馆还在馆内大屏幕滚动播放。

（4）文创纪念品

除了上述视觉设计外，推广工程还推出了一系列文创纪念品，比如具有一定保存价值的钥匙扣、U盘、书签、徽章、水杯、笔或者联合公交集团推出推广工程纪念一卡通等。这些宣传品与图书馆、数字图书馆或者推广工程相关联，承载着品牌传播的作用，在全国各地的读者活动中进行了发放。同时，这些设计素材也都是面向全国公共图书馆进行免费共享，一方面是有利于全国推广活动统一标识、突出品牌影响力，另一方面也为全国数字图书馆的推广做出了示范和参考。其中推广工程书签纪念品如图5-3所示。

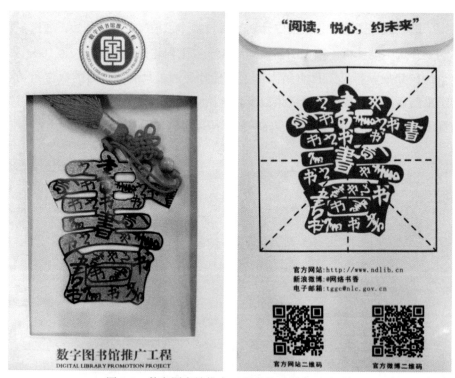

图5-3　数字图书馆推广工程书签（封套正反面）

以上介绍的是推广工程在工程整体的视觉设计方面所开展的一些工作，这也为工程向全国推广并借助省级图书馆在各省内基层图书馆推广提供了很好的宣传素材，这些成果全面渗透到了推广工程各项具体推广工作中，在规范使用相关素材的同时，不同的图书馆或者不同的活动场景下，这些视觉元素也会有一些演变，比如面向少儿的活动、春节期间的活动都会有各自更鲜明的一些视觉设计，同时配上推广工程Logo，从而使得推广工程品牌形象更加立体。

2.简洁明了的宣传标语

简洁明了、朗朗上口的宣传标语能够提高数字图书馆的辨识度，从而更容易建立比较个性化的品牌形象，因此是品牌推广的重要内容。

为了方便传播和各地方馆快速掌握"数字图书馆推广工程"的建设重点，推广工程将自身建设内容概况为"一库一网三平台"，如图5-4所示。

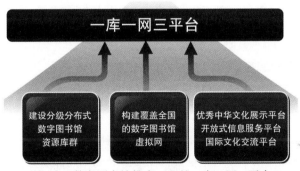

图5-4　数字图书馆推广工程的一库一网三平台

除此之外，推广工程在进行活动策划时，也常常调动集体智慧，尽可能多想出一些朗朗上口的活动名称或者活动标语来提高传播度。比如连续多年在春节期间举办的"网络书香过大年"活动就是一个非常好的体现，因为活动名称简单易懂，一经推出很快就得到了各地图书馆的广泛欢迎，而且许多图书馆利用这个活动名称还拓展了许多本地的特色服务，春节期间各地百花齐放，为基层公众送上丰富多彩的数字文化大餐。2017年"网络书香过大年"活动各栏目的页面截图见图5-5所示，从整体活动名称到各个栏目的名称都非常有特色，不仅体现了书香文化，也能够从名称中一窥活动内容，产生更进一步的参与意愿。

图5-5　2017年网络书香过大年活动页面截图

3.持续不断的品牌管理

品牌推广就是要在用户心目中形成特色鲜明的品牌认知，因此，当某些服务或者活动产生了比较好的用户口碑后，还要加强品牌的管理，尤其是品牌效应的延续和品牌内容的拓展。

前面提到的"网络书香过大年"活动由于特别受欢迎，临近春节的时候就会有各地图书馆咨询，想了解当年是不是还继续开展，活动内容是什么，活动页面什么时候推出，等等。因此，推广工程就将此活动做成了一个延续性项目，截至2019年一共连续举办了八届，活动品牌也因而深入人心，春节期间受到了公众和媒体的广泛关注。与此类似的还有"童音诵古韵·经典有新声"的少儿诗词诵读活动（详见第六章），该活动已连续举办三届，受到了各地家长和小朋友的欢迎。

除此之外，推广工程也将"网络书香"这一品牌进行了拓展，相继推出了"网络书香西部行"（面向西部地区的区域推广活动，每年推广2—3个省份）、"网络书香讲坛"（邀请图书馆和其他文化行业的专家就数字文化资源与服务相关内容授课，全国图书馆员可在线点播，每年六期）、"网络书香·世界读书日"活动（每年世界读书日当天联合全国各级图书馆开展图书馆公开课直播等推广活动）、"网络书香·掠美瞬间"摄影征集活动（面向社会公众征集体现阅读之美、数字阅读便捷性或者创新改变、图书馆之美等方面的摄影作品）、"网络书香基层图书馆帮扶计划"（面向革命老区、边疆地区和少数民族地区的贫困县开展的图书馆精准帮扶活动）等，在丰富"网络书香"品牌内容的同时，也使其成为推广工程的标志性品牌，提高了各地图书馆和公众对于推广工程服务与活动的认知度。

（二）产品推广

1.差异化推广

对于推广工程而言，各级公共图书馆和数字图书馆终端用户是其开展产品推广的主要对象，前面我们在介绍整体推广策略时也提到了针对两类用户的推广策略是有差异的，同时两类用户内部还会继续细分，以便开展差异化的产品推广。

对于各级图书馆来说，推广工程在网络、软硬件平台、资源以及服务等方面都采取了差异化的产品推广策略，最常见的是分为省级、市级，不同级别的图书馆对应着不同的配置和清单，以必备硬件配置为例，省级和市级图书馆的配置标准见表5-2。

表5-2 数字图书馆推广工程省市级图书馆硬件配置标准（必备部分）

设备名称	配置及关键特性	单位	图书馆类型	数量
低配PC服务器	2颗Intel Xeon四核E5620或2颗AMD 4100系列四核CPU，4×4GB DDR3内存，2×500GB SATA热插拔硬盘，千兆以太网口2个，支持远程管理，DVD-ROM驱动器，Raid卡，配操作系统，双电源，原厂商3年以上免费现场质保，省内提供维修备件。	台	省级图书馆	8
			市级图书馆	2
高配PC服务器	4颗Intel Xeon E7520四核或4颗AMD 6100系列四核CPU，8×4GB DDR3内存，3×300GB 15K SAS热插拔硬盘，双1000M网卡，支持远程管理，千兆以太网口2个，DVD-ROM驱动器；4G/8G自适应HBA卡1块，Raid卡，配操作系统，双电源，原厂商3年以上免费现场质保，省内提供维修备件。	台	省级图书馆	8
			市级图书馆	3
SAN磁盘阵列	控制器≥2个，缓存≥8GB；主处理器采用多核处理器，总核数不少于4个，至少可扩展到112块磁盘；至少提供16个以上主机接口；磁盘阵列支持快照功能，单个卷快照个数≥255个；中文化图形管理界面；支持3年原厂现场保修。存储设备（FC或SAS）裸容量≥20T、SATA≥130TB。	套	省级图书馆	1
			市级图书馆	1
VPN/防火墙设备	不少于4个1000BaseSX和4个1000BaseT接口满配；VPN隧道数不低于10000；加解密速度不低于250Mbps；支持串行、旁路等多种接入方式；支持DES/3DES/AES/MD5/SHA-1算法；含3年服务。	套	省级图书馆	2
			市级图书馆	2

在资源方面，推广工程在向全国共享140TB普适性资源的基础上，也会根据各地图书馆的现实条件和需求差异定制一些资源。比如面向县级图书馆的定制的4TB资源，支持硬盘与网络镜像两种访问方式，而面向贫困地区图书馆的资源推送更加精准，由当地图书馆在给定资助范围内选择所需资源，然后推广工程技术人员再进行网站和手机端的内容封装，同时定制个性化的读者卡发放当地图书馆，以便推广活动使用，如图5-6所示。差异化的推广方式更能满足地方馆的需求，能够促进资源和服务的使用效率提升。

图5-6　数字图书馆推广工程扶贫活动定制读者卡和网页

注："基层图书馆"是"数字图书馆推广工程"为贫困县图书馆定制的数字图书馆服务平台。

除此之外，推广工程相继推出了统一用户服务平台、唯一标识符系统、政府公开信息整合服务平台、移动数字图书馆、"网络书香"资源整合平台等一系列的平台，与各级图书馆共享，各馆可以根据自身需求申请加入平台或者开通相应服务，从而丰富自身数字图书馆建设。

2.趣味化推广和互动推广

趣味化推广和互动推广是结合比较紧密的推广方式，更多是体现在向终端用户的推广方面，比如前面章节提到的推出虚拟形象"推仔"作为推广工程的形象代言，在微信、展览或相关活动中向用户推介工程的资源与服务。除此之外，推广工程还经常结合资源和服务的特点，策划新颖有趣的活动来吸引用户的参与，并通过网络或面对面等方式加强与读者的互动，提高用户对工程资源或服务的兴趣以及对数字图书馆的认知度。

比如推广工程结合"文津经典诵读"资源制作了虚拟现实资源，通过"铁崖苦读""怀素书蕉""流觞曲水""千里婵娟"四个场景的设置，以临摹书法、寻诗找词、放孔明灯等形式，让读者用沉浸式的方式感受传统文化魅力。

此外，为推广新购资源"中华戏曲文化资源库"，推广工程结合资源库中戏曲知识和相关视频资源制作成电子展板，发放各地举办线下展览，展览风格生动有趣，扫描二维码还可以观看更多视频资源，还可以参与有奖答题。部分展板如图5-7所示。

图5-7　数字图书馆推广工程戏曲知识库展板示例

推广工程还在春节期间结合工程的艺术图片库和文津诵读资源推出语音贺

卡服务，读者可以自由组合背景与祝福语，并附上60秒语音祝福，以更加新颖的方式向亲友拜年。语音贺卡制作示例如图5-8所示。

图5-8 数字图书馆推广工程语音贺卡制作步骤截图

（三）渠道推广

1.全媒体推广

推广工程积极拓展宣传渠道，利用多种渠道展示工程建设成果，宣传媒介较为全面，既有线下新闻发布会、宣传册发放等现场宣传，又有线上各类网站的网络宣传，既有传统媒介报纸、杂志等新闻报道，又有新型自媒体微博、微信的信息发布，同时也有直接面向用户个人的手机报推送。

在中央级媒体方面，主要是通过《光明日报》《中国文化报》、新华网等媒体开展系列连载和专版宣传，据不完全统计，2011—2017年共在中央媒体进行专题报道300余篇。同时与中国文化报（手机报）开展长期合作，定期通报工程建设进展；在新浪微博建立"网络书香"专题微博，以多种形式展现各地数字图书馆建设成果。在地方媒体方面，各地方图书馆也积极利用当地的日报、晚报、电视台、灯箱等宣传工具，让数字图书馆的服务走近群众身边。仅2015年一年，各地媒体开展的数字图书馆相关报道达2061篇，对工程服务推广和相关建设过程中取得的好经验、好做法进行总结，及时宣传报道。

在自媒体方面，《国图简报》《国图通讯》等纸质媒体、国图网站和微信、"数字图书馆推广工程"专题网站和微信，以及各地图书馆的网站和微信、数字电视等新媒体都是推广工程可以利用的推广渠道。推广工程自身的推广媒体也在不断与时俱进，比如2013—2015年推广工程通过手机报的形式将实施进展直接推送到订阅用户。2016年开通微信后，推广工程的信息发布更加便利和顺畅，快速扩大了在终端用户群体中的影响力。推广工程公众号一经推出，就建立了一套工作流程，在内容策划与撰写、图文编辑、审核维护、数据记录等方面有着明确的分工和合作模式，推送的内容从推广工程各种精彩活动展示到各类资源的实际应用，从文化政策解读到各种小程序开发利用，内容丰富多彩。截至2017年底，关注公众号37088人，共发布文章196篇。推广工程微信公众号的开通弥补了传统媒体发布周期长、频率低的缺点，使得工程掌握了宣传的主动权，并且可以通过微信后台的数据反馈，及时调整推广内容和方式，极大地提升了信息活跃度，扩大了工程的影响力。

不同的推广渠道也为推广工程进行个性化推广提供了可能。推广工程利用内部工作简报、《中国文化报》等系统内媒介向原文化部主管部门发送资讯，以便主管部门及时了解推广工程进展，进行相关决策；借助推广工程网站、微信公众号、工作会议以及实时交流工具等渠道向各级公共图书馆推广，及时向各地普及推广工程建设理念和思路、推介平台与服务、宣传各地实施典型等；借助受众更广泛的社会媒体，各地图书馆微博、微信和图书馆推广活动，能更方便快捷地向终端用户宣传推广工程的建设成果，使社会各界更加了解数字图书馆和推广工程，为工程营造良好的舆论氛围。

同时，推广工程也非常注意媒体监测和宣传素材的积累。自2012年开始，推广工程委托专门的机构对推广工程的媒体宣传情况进行年度监测，并及时进行总结和调整。同时，深入工程各项建设挖掘宣传素材，积极探寻并树立工程实施的典型案例，建设宣传素材库，将与这些案例相关的视频、音频、图片、文字等多种形式的素材，以电子存档的形式进行保存，方便日后工作中再次使用。

此外，推广工程也策划了一些形式多样的推广活动来收集读者对于数字图书馆的评价、美好瞬间，并开展专题宣传，从而为推广工程营造良好的社会评价和品牌认知。如与《中国文化报》联合开展"我与数字图书馆"有奖征文，挖掘读者使用数字图书馆的心得；与中国图书馆学会、新华网等联合举办的"网络书香掠美瞬间"摄影大赛，收集摄影爱好者和普通公众用镜头记录下来的美好瞬间；面向微传播的"图书馆故事随手拍"微视频大赛，征集了数十部图书馆和读者自主拍摄的图书馆故事，借助他们的视角让公众感受了图书馆不一样的魅力。

2.业内联盟推广

由于推广工程的建设是由国家图书馆和全国各级公共图书馆共同参与的，因此工程中进行图书馆联盟推广时有着先天优势，不仅能够借助各级公共图书馆向全国数字图书馆终端用户进行广泛推广，宣传素材供给也更加丰富。比如2015年推广工程开展的案例征集活动就是向各级图书馆广泛征集"十二五"期间数字图书馆建设与服务的优秀案例，以便及时总结实施经验、宣传工程建设成果，从而推动工程的可持续发展。该活动最终收到了来自28个省份134个省、市、县级图书馆的案例材料。这些素材为推广工程后续开展宣传、展览和交流会议都提供了宝贵的素材，部分案例见图5-9、5-10。

图5-9　金陵图书馆南京方言音频资源库

图5-10　楚雄州图书馆彝族文献数据库

同时，推广工程还与中国图书馆学会进行合作推广，2014—2017年间，中国图书馆学会策划并承办了12场推广工程的"网络书香·数字图书馆建设与服务宣传推广"活动，并为推广工程举办的摄影比赛、微视频大赛、网络书香过大年等活动提供技术和推广渠道支持，借助学会在各地的分支机构进行推广，扩大了活动影响力，增加了活动人气，产生了比较好的推广效果。

3.社会化推广

除了借助图书馆业内的联盟开展推广，推广工程还积极拓展其他社会化合作。比如以国家图书馆名义与北京京港地铁公司合作推出"M地铁·图书馆"公益项目，推广移动数字图书馆的资源，见图5-11所示。

图5-11　M地铁·图书馆活动海报

此外，推广工程也与一些公司开展微信小程序和游戏软件开发、文创产品设计制作等方面的合作，与国际广播电台合作进行全国少儿诗词诵读活动获奖小诗童的节目录制，与贫困地区的中小学合作进行扶贫资源的推广和信息素养的培训等。

（四）内部推广

前面介绍推广模式的时候提到过，推广工程在实施前期，为了加大推广理念的普及，面向全国部分省市的文化主管领导和图书馆馆长进行了培训，而这种模式之后就作为年度常规工作开展起来，培训的范围不仅包括数字图书馆的主管领导，还包括从事具体建设的业务骨干和从事推广工作的宣传员等。同时，推广工程也会不定期对各级图书馆的专家或各地馆员进行访谈，借助外部新闻媒体或者工程的网站、微信等自媒体开展宣传，在图书馆内部起到鼓舞士气和业务交流的目的。

此外，推广工程设立了联络员机制，由各地图书馆委派一名负责推广工程工作的馆领导和一名负责工程日常沟通的联络员，而国图内部指定了推广工程不同项目和业务的指定联络人，以便推广工程办公室和各地的图书馆都根据不同业务的需要联系不同层面的人员。同时建立了推广工程的QQ群、微信群，加上常规的电话和面对面沟通，通过多种渠道保障工程的内部沟通交流机制的顺畅，从而促进推广工程建设理念、建设成果的内部推广。

以上对推广工程推广策略的制定进行了详细介绍，从中我们也可以看出，推广工程的建设要求是制定推广策略的重要依据，推广对象研究为推广策略的制定提供了现实需求，在此基础上制定的整体推广策略是指导方针，而各项策略的解析让我们可以更深入理解前面提到的各种推广模式，以及如何结合不同的需求进行不同推广策略的组合。

第六章　案例解析：少儿推广活动策划与实施

2016年六一儿童节，数字图书馆推广工程策划实施了"童音诵古韵·经典有新声"全国少儿诗词在线诵读活动，活动为期三个月，覆盖全国26个省500余个地市。该活动首次推出就赢得了小朋友与家长们的广泛支持和热情参与，共收到2688位参与用户提交的4817个诵读作品，活动直接参与人数突破11.4万，资源类推文阅读总量超过7000次。此后，推广工程连续几年举办该活动，在全国公共图书馆内形成了非常显著的品牌效应，也得到了公众的普遍好评。由于该活动是针对少儿这一特定群体开展的数字图书馆推广实践，其中许多做法都可圈可点，因此本章将其作为一个特色推广案例来进行解析，以便大家对前面介绍的几种推广策略和推广活动实施框架有更深入的理解。

第一节　环境分析

2016年是"十三五"开局之年，数字图书馆推广工程也进入全面推广的关键阶段。在此时开展"童音诵古韵·经典有新声"全国少儿诗词在线诵读活动既是时势所致，也是工程自身发展的需要。

一、外部环境

（一）政策环境

党的十八大以来，习近平总书记多次强调要传承和弘扬中华优秀传统文化，把传承和弘扬中华优秀传统文化提升到中国的发展特色和发展道路，提升到增强文化自信和道路自信的层面，认为要真正提高中华民族传统文化的吸引力和影响力，使之发扬光大，必须做好研究和挖掘工作。他指出："优秀传统文化可以说是中华民族永远不能离别的精神家园。""要讲清楚中华优秀传统文化的历史渊源、发展脉络、基本走向，讲清楚中华文化的独特创造、价值理念、鲜明特色，增强文化自信和价值观自信。""努力实现传统文化的创造性转化、创新性发展，使之与现实文化相融相通，共同服务以文化人的时代任务。"习近平总书记的讲话体现了我们党对于中华传统优秀文化本质意义的新认识和新高度，也成为包括图书馆人在内的文化人的前进指导。

2015年1月，中共中央办公厅、国务院办公厅印发了《关于加快构建现代公共文化服务体系的意见》，明确提出要以社会主义核心价值观为引领，发展先进文化，创新传统文化，巩固基层文化阵地，在全社会形成积极向上的精神追求和健康文明的生活方式。同时也提出要创新公共文化服务内容和形式，促进文化与科技深度融合，推动文化事业和文化产业协调发展。要丰富优秀公共文化产品供给，建立优秀传统文化传承和发展体系，鼓励各地整合中华优秀文化资源，开发特色数字文化产品，提高网络文化产品和服务供给能力，促进优秀传统文化瑰宝和当代文化精品网络传播。

同年3月，政府工作报告中首次提出"建设书香社会"，为此前连续两年倡导的"全民阅读"增加了新的内容，充分说明了国家重视提高公民的文化修养，注重加强社会的精神文明建设，这一号召不仅有利于提高我国公民的科学文化素质和思想道德素质，有利于不断满足人民群众日益增长的文化需求，也有利于继承优秀传统文化、增强民族文化认同感，同时还能够推动文化大发展大繁荣、建设文化强国、提高文化软实力。

这些重要指示和国家政策为图书馆建设提供了强有力的支持，也为数字图书馆推广指明了方向。

（二）社会环境

中华优秀传统文化积淀着中华民族最深沉的精神追求，代表着中华民族独特的精神品质，是中华民族生生不息、发展壮大的丰厚滋养，是中国特色社会主义植根的文化沃土，是当代中国发展的突出优势。近年来，社会各界对传统文化的热情大大增强，基层和民间的参与面很广，参与主体很多，形式载体多样，总的势头很好。比如2016年2月中央电视台综合频道推出的一档文化类演播室益智竞赛节目——《中国诗词大会第一季》。该节目以中华优秀传统文化为主题，以围绕各类古典诗词设计题目由选手进行竞答，以此来考察选手对于诗词的掌握和理解。选手之间的巅峰对决让人直呼过瘾，嘉宾点评精彩纷呈且加深了节目的文化内涵。节目一经推出就受到了公众高度关注，并成功带动了大家对古诗词的学习热情。一时间，"赏中华诗词，寻文化基因，品生活之美"成为一种时尚，全民掀起了学习古诗词和中华传统文化的热潮。

图书馆担负着社会教育、文化传播及提高公众人文素养的责任，也在积极探索依托自身的资源优势，开展多种多样的优秀传统文化资源整理和开发工作。而如何能够深入挖掘传统文化的积极内涵、赋予优秀传统文化以时代精神和适宜形式也成为图书馆尤其是数字图书馆面临的一个重要课题。

（三）科技环境

截至2015年12月，中国手机网民规模达6.20亿，网民中使用手机上网人群占比由2014年的85.8%提升至90.1%。移动互联网塑造了全新的社会生活形态，潜移默化地改变着人们的日常生活。同时网络基础设施建设逐渐完善，移动网络速度大幅提高，各类移动互联网应用的需求逐渐被激发，更多线下的服务场景转移到线上，从基础的娱乐沟通、信息查询到商务交易，再到文化教育、医疗交通等公共服务。与此同时，在社会网络化与网络社会化大势的驱动下，微博、微信等新兴媒体借助便捷的移动网络不仅极大地提高了信息传递效率、信息含量和信息透明度，而且它们和传统媒体融合化发展态势明显，也深刻影响着文化生态发展，深度渗透到民众的学习生活中，对公共文化服务在新时代的服务理念和服务模式产生了至关重要的影响。

移动互联网的便捷、共享等特性和新旧媒体日益融合也深入影响着公共文化服务领域，给数字图书馆推广工作带来了新的机遇，有助于缓解当前制约公共数字文化发展均等性、普及性等的问题，同时也使得面向终端用户的推广有了新的平台。

面对外部政策、社会需求以及新技术发展带来的多重机遇和挑战，进入"十三五"时期的开局之年，数字图书馆推广工程的建设方向也随之要进行调整。如何能够紧跟时代发展，使得数字图书馆在弘扬中华优秀传统文化、推动全民阅读的过程中发挥更大作用，如何能够抓住新技术的快车，借助移动网络和社交媒体优势进一步扩大数字图书馆资源与服务的受益面，成为推广工程面临的新任务。

二、内部环境

（一）工程自身发展

2016年初，工程经过了五年的发展，在网络体系搭建、资源共建共享和服务推广等方面都取得了显著成效。截至2015年12月，全国共有包括少儿馆在内的38家省级图书馆、474家地市级图书馆及2900多家县级图书馆开展了推广工程建设。各级财政在"十二五"期间对数字图书馆建设经费投入近20亿。

推广工程围绕建设目标，大幅提升各地数字图书馆基础设施建设水平，平均网络带宽、存储容量、服务器速度指标翻一番；建立了"以专网为主干、以虚拟网为补充"的"国家—省—市—县"四级数字图书馆公共文化服务一体化网络。与此同时，全国数字资源总量已达11374.6TB，以唯一标识符系统、统一用户管理系统为代表的数字图书馆业务平台投入使用，全国各级图书馆356个业务平台互联互通，统一用户注册人数超过713万人，遍布全国32个省、市、自治区及港澳和部分海外地区，各服务系统年均点击总量超过12亿次。服务受众覆盖普通读者、党政机关、学术科研、残障人士、少年儿童和少数民族等广泛群体，新媒体服务覆盖互联网、移动通信网、广电网等多种渠道，形成了庞大、稳固的社会用户群。

进入"十三五"开局之年，推广工程也制定了"十三五"发展目标：紧密围绕创新、协调、绿色、开放、共享的发展理念，以加快构建现代公共文化服务体系为己任，牢牢把握"促进全民阅读""建设书香社会"的战略方向，深入贯彻"互联网＋"国家战略，以"一云一库一网"为着力点，构建国家公共文化信息服务基础设施云，聚合优秀传统文化瑰宝与当代文化精品资源，建设中华文化资源库，建设国家公共文化信息综合服务网络，实现全国各地各类文化机构间资源与服务的全面共知共建共享，向公众提供文化资源、信息与服务的一站式获取入口，实现零门槛服务。全力构建公共文化的线上与线下一站式服务，努力打通文化惠民最后"一公里"。

同时，推广工程"十三五"建设规划中也提出，要以社会主义核心价值观为引领，以人民群众需求为出发点和落脚点，科学规划公共数字文化资源建设，与全国图书馆分布式协作，共同开展数字资源库群建设，促进全民阅读，建设书香社会；要加强线下实体文化服务与线上数字化服务的融合，以传统实体文化服务来传递用户的阅读需求，以数字服务实现读者的阅读价值和多维体验，形成网络服务与阵地服务结合、品牌服务与日常服务相结合的模式；要开拓多种宣传渠道，积极营造全民阅读氛围，扩大数字图书馆在社会的影响力，不断满足基层群众的精神文化需求。

各地数字图书馆在"十二五"期间基本都完成了基础设施和软硬件平台的搭建，资源共建共享也初见成果，为开展全国性服务推广活动提供了坚实的基础，同时"十三五"的规划目标也为服务推广工作指明了方向。在此基础上，各地图书馆也向工程办公室提出了迫切的服务推广需求，希望借助丰富多彩、群众喜闻乐见的宣传推广活动来提升资源和服务的利用率，提高数字图书馆的社会价值和影响力，在人们的学习和生活中发挥更重要的作用。

（二）推广工作进展

在推广工作方面，"十二五"期间，推广工程充分利用全媒体传播手段，连续四年举办"网络书香过大年"活动。每年适时开展网络书香系列阅读推广活动，通过在线答题、征文、摄影大赛、微视频大赛、少儿绘画等丰富多彩的线上线下主题活动，让公众更好地体验推广工程与数字图书馆服务。全国数百家图书馆在推广工程的各类活动带动下，自主策划、开展区域性的服务推广活动，参与人数超过3000万人次。此外，各级图书馆通过各类媒体编发的推广工程相关新闻近800篇，其中中央媒体报道300余篇，大大提升社会各界对数字图书馆的关注度。而进入"十三五"阶段后，推广工程面向数字图书馆终端用户的品牌推广和产品推广需求日益迫切，一方面推广工程需要对原有品牌进行拓展和丰富，对各地特色品牌进行挖掘和宣传推广，另一方面还要加大对优秀传统文化资源的产品化开发与创新应用，使更多的用户能够获取并喜欢这些资源和服务，促进推广工程建设成果的全民共享。

为分解落实整体推广策略，2015年底，推广工程制定了2016年的推广任务：积极响应中央政策号召，开展面向基层贫困地区、特殊用户群体（老人、儿童和残疾人）的服务推广工作；配合社会重大事件、重要节日等适当时机，开展具有针对性的宣传活动；加大渠道推广，全方位、多层次、多角度地展现推广工程工作全貌；加强品牌管理，引入卡通形象作为代言人，提高推广工程亲和力；全面宣传推广工程的发展成果和惠民效果，为"十三五"工程发展营造良好的舆论氛围。

在具体落实过程中，2016年春节期间，推广工程延续往年的惯例，联合全国省市级公共图书馆共同开展了"网络书香过大年"活动。活动将推广工程的数字资源巧妙融入对春联、拜年等传统文化风俗中，同时首次开通了移动终端活动，活动获得了公众的热情回应，线上线下用户参与总量高达94万余人次，较前一年同期增长近70%。

随后，推广工程开始逐步落实产品推广和品牌推广的相应工作，并启动了一系列活动的策划，尤其是面向贫困地区和特殊群体的活动成为年度重点活动。

第二节　确定推广对象与推广目标

综合考虑前述内外部环境现状，在策划面向特殊群体的活动时，推广工程明确了该活动的几个定位：能够宣传推广工程已建设的中华优秀传统文化资源，具有比较好的群众基础，有助于进行品牌拓展。而结合当年"网络书香过大年"活动的成功经验，新的活动策划应该考虑加大对移动端的支持，同时可以引入社会化合作，提高社会影响力。

经过多次讨论之后，推广工程计划将少年儿童作为该活动的参与对象，原因有三：一方面少年儿童的教育全社会都比较重视，群众基础非常好；另一方面，儿童和青少年阶段是接受能力最强、记忆力最好、可塑性最高的时期，面向这一群体进行中华优秀传统文化的推广也会有更加长远和积极的影响；此外，六月一日是儿童节，活动开展契机和实施周期都比较合适。

在明确了大致推广定位和推广对象之后，推广工程又对推广对象的需求进行了调研分析，由此进一步细化了该活动的推广目标。

一、推广对象分析

对于推广对象的研究分析包括借鉴一些权威调研结果和自行开展的调查研究。

据调查显示[①]，我国0—17周岁的未成年人图书阅读率为81.1%，其中0—8周岁儿童图书阅读率为68.1%，9—13周岁少年儿童图书阅读率为98.2%，可以

---

① 第十三次全国国民阅读调查成果发布[EB/OL]. [2019-07-19]. http://www.cbbr.com.cn/content/103057.html.

看出少儿群体是阅读主力，一定程度上也说明了这一群体的知识需求旺盛、学习能力较强。而对亲子早期阅读行为的分析发现，我国0—8周岁有阅读行为的儿童家庭中，平时有陪孩子读书习惯的家庭占到87.1%，在这些家庭中，家长平均每天花费23.69分钟陪孩子读书。可见，早期儿童的阅读行为受家庭氛围影响较大，家长的陪伴阅读效果显著。因此，针对少年儿童的数字图书馆推广活动一定要充分考虑孩子的学习特点和需求，同时如果能够调动家长的积极性，对于提升活动效果应该很有帮助。

该调研结果还表明，数字阅读尤其是手机阅读发展迅速，移动阅读、社交阅读成为未来的发展趋势。其中成年国民网络在线阅读率达到51.3%，手机阅读率最高，达到60.0%。在数字阅读中，微信阅读最为普及，超过一半成年国民在2015年进行过微信阅读，同比增幅超过50%。因此，在接下来的推广活动策划中，微信平台将是非常重要的推广渠道。

该活动的参与对象是少年儿童，其学习特点和偏好对于活动的策划非常重要，同时，考虑到这一群体大多数时候是由家长陪伴或者参与到其教育过程，因此，家长实际上也是该活动的重点推广对象。因此，在制定具体活动方案之前，数字图书馆推广工程针对少年儿童及其家长进行了一次用户需求调研。调研借助问卷星系统进行发放，自2016年4月11日开始，到2016年4月18日结束，共计回收问卷92份。问卷主要针对用户基本信息、兴趣，以及对活动的预期、获取途径及参与方式等进行了调研。调研情况如下所示。

1.受访者年龄结构

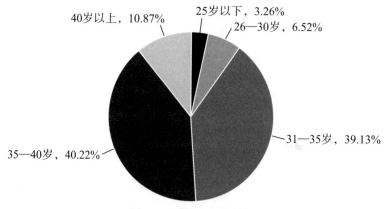

图6-1　受访者年龄结构

受访者人群以年轻父母为主，其中31—40岁的受访者为主要目标群体，占比79.35%。这个年龄段受访者的孩子大部分正处于学龄阶段，对参与少儿活动的需求最为强烈。在后期制定推广策略中，可以重点考虑这一年龄段的目标人群，专门为他们提供合适的资源与服务内容。

2.受访者性别结构

受访者男女比例分别是19.57%和80.43%，相差较大。这主要是因为在家庭教育中，母亲往往承担较多责任，所以她们对于相关活动的关注度也会更高一些，在后期制定推广方案中，可以考虑结合她们的需求提供更多有针对性的数字图书馆资源与服务。

3.受访者孩子感兴趣的活动类型

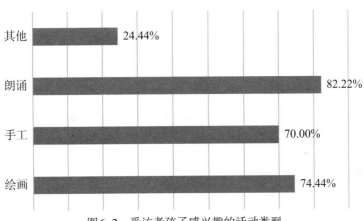

图6-2 受访者孩子感兴趣的活动类型

调研显示，孩子们对朗诵活动的兴趣最大，其次是绘画、手工，还有国学、音乐、表演等活动也颇受孩子们的欢迎。从调研结果看，孩子们有着广泛的兴趣爱好，家长对培养孩子的兴趣也越来越重视。策划有益于孩子身心健康的活动，不仅能促进其成长发育和智力开发，还可以鼓励孩子接触新鲜事物，参与社会和集体活动等。

4.受访者参与活动的兴致

调研中，93.48%的受访者表示出对少儿相关活动的兴趣，并明确表示愿意让自己的孩子参与图书馆举办的各类活动。可以看出，公众对图书馆举办少儿相关活动还是充满期待。图书馆应该针对性地策划有助于激发和培养少儿兴趣的活动，让少儿感受到参与图书馆活动的乐趣，提高其对数字图书馆的认知度。

5.受访者希望参与活动的方式

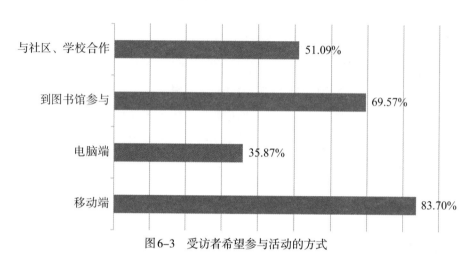

图6-3　受访者希望参与活动的方式

在受访者希望参与活动的方式中，移动端选择人数最多，占比83.7%。随着手机等移动设备使用的普及，以及移动互联网的发展，手机已经成为人们生活中非常重要的一部分，它也更多地承载了人们的娱乐、消费、生活等多方面信息。这点也与前期所确定的活动定位非常吻合。此外，到馆参与也是公众喜好的参与活动途径，后期活动中推广工程将考虑加强与省、市各级图书馆的合作，联合社区、学校，大力开展符合儿童心理特点、形式新颖的数字图书馆推广活动。

6.受访者希望获取活动信息的途径

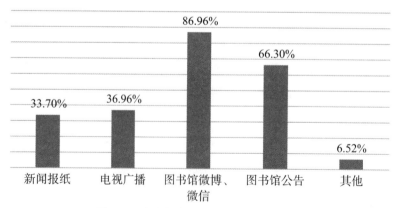

图6-4　受访者希望获取活动信息的途径

调研显示，希望通过微博、微信了解图书馆的活动信息的人最多，近年来微博、微信等社交媒体的普及应用，使受众获取信息的途径和手段更加多样化，也为数字图书馆提供了更多元和高效的宣传渠道；其次是图书馆公告，这个渠道的受众主要是经常到图书馆或者访问图书馆网站的人群；此外就是新闻报纸、电视广播等传统媒体，说明这些渠道也有一定的受众基础；还有受访者提到希望通过专题网站、学校、社区等途径了解图书馆的活动信息。因此，接下来的少儿主题活动策划应该考虑以社交媒体为主、借助多种媒体渠道进行推广，线上线下联动进行全方位报道，提高公众对少儿活动的关注度和参与积极性。

7.受访者感兴趣的资源类型

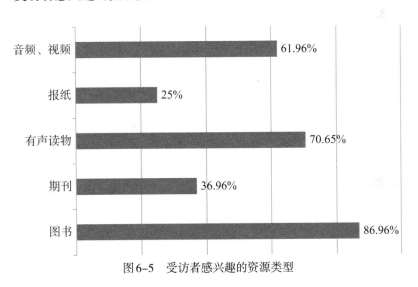

图6-5 受访者感兴趣的资源类型

调研显示，受访者感兴趣的资源类型由高到低依次是图书、有声读物、音频视频、期刊、报纸。由此可见，图书仍然是受访者的主要阅读来源，但是不容忽视的是，有声读物和音、视频资源的比例也都超过半数。结合当前数字阅读的发展趋势，接下来的活动策划也需要考虑推广对象的这一偏好，除了纸质图书的推荐外，还可以将优质的音视频资源嵌入活动设计或者以恰当的方式推介给少年儿童及其家长。

8.受访者感兴趣的资源主题

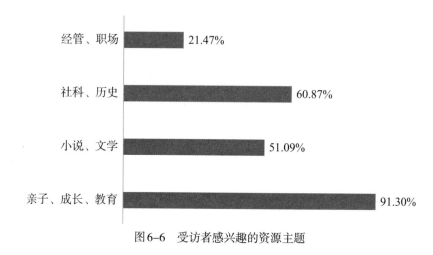

图6-6　受访者感兴趣的资源主题

"亲子、成长、教育"主题成为受访者最感兴趣的资源主题，占比91.3%，"社科、历史"和"小说、文学"与其存在一些差距，位列第二、第三。"亲子、成长、教育"是家长们最关注的话题，在进行推广活动的资源推送时，可以考虑充分利用数字图书馆的资源优势，为家长和孩子提供各自所需的资源内容，帮助他们共同成长。

二、明确推广目标

基于前面的内外部环境分析，结合推广工程所开展的对少年儿童及其家长的调研，推广工程办公室最终确定了该次活动的主要推广目标是：

（1）通过活动促进少年儿童对中华优秀传统文化的阅读和学习，提高少年儿童的文化与信息素养。前面已经提到过，少年儿童群体记忆力强、学习需求旺盛，对这一群体加强优秀传统文化的熏陶和阅读引领，影响更为深远，不仅有助于其自身树立文化认同，也有利于中华优秀文化和优良品质的继承和发扬。

（2）活动内容要能够体现推广工程的资源优势，带动少年儿童及其家长对于推广工程资源的利用率。活动是形式，核心还是要围绕工程自身的需求，提升资源和服务的知晓率、利用率是根本，因而活动的策划应该在工程自身特色资源的挖掘上多下功夫，并结合生动鲜活的方式来进行推广。

（3）通过活动拓展推广工程的品牌内涵，提升推广工程的社会影响力。前面提到，推广工程已经具有一定的群众基础和社会影响力，因此新的活动策划应该是在原有品牌影响力的基础上进行一些拓展和丰富，不断扩大受众范围。

第三节　组合推广策略

由活动的推广目标可以看出，该活动的重要目标还是要提高工程的资源与服务利用率，因此产品推广是主要策略，其次是借助多种渠道进行品牌推广，对已有的品牌进行丰富和拓展。

一、产品推广

产品推广的第一步是确定要推广的产品，然后才能选择合适的形式进行包装。工作人员从国家图书馆和推广工程的资源库中遴选出了几种资源作为备选。具体包括：国家数字图书馆"文津经典诵读"资源（已面向互联网共享），移动数字图书馆听书和电子书资源，国图公开课，少儿数字图书馆的书刊、动漫、连环画等资源。结合前述内外部环境分析和推广对象需求，大家认为，最好能够将中华优秀传统文化的元素跟资源的推广结合起来，结合少年儿童在接收信息的喜好、感兴趣的资源类型以及资源本身的文化价值等因素，加上当时中央电视台举办的"全国诗词大会"营造的古典诗词的学习热潮，最终工作人员选定了"文津经典诵读"资源作为该活动依托的主体资源，同时活动中以合适的方式推介其他相关资源。"文津经典诵读"是国家图书馆在国图网站和掌上国图手机平台上推出的精品栏目，每天为读者介绍一条中华传统美德格言和一首古代诗词（配有朗诵音频）。

为了对资源进行精品化包装并且便于后期提交作品的比较和遴选，最终工作人员从"文津经典诵读"选取了十首具有代表意义的古诗词，内容涵盖汉、唐、宋、元、清代一些代表人物的代表诗作，内容积极向上，或抒发爱国思乡情怀，或歌颂大好河山，或倡导辛勤劳作、勤奋学习，有利于少年儿童通过诵读学习古诗背后的故事，进而了解中华民族的文化历史，感受民族文化的灿烂。除了精选出来的这些诗词及配套的音视频资源以外，工作人员还结合之前调研中少年儿童及其家长的一些阅读喜好，从备选资源中挑出来一部分内容，如听书、动漫、连环画等受孩子欢迎的资源以及亲子、教育、个人成长等父母比较关注的主题相关资源，计划在活动的不同阶段在微信、网站等推广平台进行关联推送，以便将活动参与者引导到推广工程更多优秀的资源与服务中去。

在资源的展示与推广方面，大家初步考虑结合诵读比赛的方式进行。诵读是少年儿童比较常见的学习方式，经典诵读不仅能够增强对优秀词句的记忆，还能够熏陶和培养文化艺术鉴赏力，陶冶心性。而比赛的方式能够激励少儿参与的积极性，也能够促进孩子之间横向的交流，同时能够吸引更多的关注度，提高对数字图书馆推广工程资源的利用。此外，考虑到少年儿童的年龄特点和推广工程现代化和信息化的特点，推广活动最终选择在网络平台进行，支持手机端和电脑端上传作品，这样打破了物理位置的局限，有助于扩大活动的受益面。同时，系统设计和资源展示突出趣味性和互动性，尽可能简便易操作，寓学于乐。除了可以上传正式的参赛作品，系统还设计了趣味朗读的环节，比如方言朗诵、亲子诵读、英文朗读等，参赛者可以将趣味作品和参赛作品一起生成分享页面，用于收集点赞，增加参赛作品的展示度，但是趣味作品本身不参与评比。

二、品牌推广

在品牌推广方面，该活动首先根据自身目标定位和推广对象确立了活动的标语和名称为："童音诵古韵·经典有新声"全国少儿诗词在线诵读活动。"童音诵古韵·经典有新声"是活动标语，朗朗上口，能够增加活动的传播度，后面的活动名称一看就可以大致了解活动的内容和定位。

图6-7　全国少儿诗词在线诵读活动主视觉设计

其次是视觉识别系统的设计，视觉设计以更直观的方式来体现活动内涵，是活动最外在、最直接，也是最具有传播力和感染力的精华所在。由于是面向少儿的活动，又是古诗词诵读，所以该活动的主视觉最终采用手绘设计，主体结构是该活动的小主人公小诗童，在带有古玉纹饰的古镜中打开手卷的形象，背景辅以名家草书手稿。同时整体设计采用了水墨山水风格，晕染的效果，色调比较古色古香，让人一下子感受到古诗词的意境美。

主视觉设计被应用于活动易拉宝、背景板、媒体通栏、网络直播界面、书签礼品、后期培训铭牌的设计以及活动启动HTML5页面等多种宣传资料中，使活动图像及标语在更广的范围中传播和推广。同时，活动软件的界面也是在主视觉图像基础上，配合十首古诗文的意境，设计了小诗童"穿越"到汉、唐、宋、元、清朝代的不同际遇，诗、形、意融为一体，非常具有艺术感染力，且不失童真童趣。

同时，推广工程统一设计开发活动的移动端页面发给各参与馆，并将该活动的主视觉设计图提供给全国各级公共图书馆共享，方便各馆结合各自需求制作易拉宝、折页等宣传品，或者在其微信、网站直接嵌入标识，统一的宣传素材也有效拓宽了活动品牌的传播渠道。

此外，为了吸引用户的关注度，活动期间，推广工程微信公众号每周推出一套自主设计的精美手机壁纸，契合活动推广的资源内容，比如图6-9所示这组手机壁纸，其创意就来源于十首精

图6-8　全国少儿诗词在线诵读活动易拉宝

选古诗中的《村居》，富有童趣且展现了自然田园之美。

图6-9 全国少儿诗词在线诵读活动手机屏保

除了该活动本身的品牌设计和推广以外，在所有的宣传资料和视觉设计中都会嵌入推广工程的品牌标识，在活动本身形成一定影响力的同时，也对推广工程的整体品牌内容进行了丰富。

三、渠道推广

在媒体渠道方面，该活动主要依托推广工程自媒体——推广工程网站和推广工程微信平台开展，将工程网站和微信作为该活动渠道推广的主战场，用以发布活动页面、作品页面、活动推文及新闻动态等。此外，为了加强活动的知晓度，推广工程还与多家纸质媒体和网络媒体进行合作，如文化报、新华网、光明网等前期合作比较好的中央级媒体和北京青年报（社区报微信订阅号）等北京本地媒体，对活动启动和进展进行宣传报道。

同时为进一步扩大推广范围，推广工程确定了与省馆联动，调动各级图书馆间合作、并广泛运用社会资源的渠道策略。活动借助国家图书馆的网站和微信平台、各级公共图书馆的网站和微信平台，以及通过各地图书馆联合当地纸质、网络和电视媒体，多种渠道发力进行宣传，一方面可以增强与各地参与者的互动，同时也可以扩大活动的影响力。

在社会化合作方面，除了借助多种外部媒体进行活动的宣传造势以外，还引入中央人民广播电台播音主持、知名高校的教授等为参赛者进行在线的诵读指导和诗词解读，提高参赛者的参赛技巧，并且与中央人民广播电台合作，专门为获奖参赛者录制了一期广播节目。这些渠道的合作与推广大大增加了该活动的参与范围和吸引力。

第四节　设计活动方案

推广策略明确以后，活动方案也基本有了雏形，不过还有一些内容需要在活动方案中确定下来，包括活动整体描述、时间进度安排和活动预算等。

一、活动整体描述

为深入贯彻习近平总书记关于继承和弘扬中华优秀传统文化的指导意见，提升数字图书馆推广工程惠民力度与社会影响力，推广工程拟在六一儿童节联合全国各省市级图书馆面向全国6—12岁的少年儿童开展"童音诵古韵·经典有新声"诗词在线诵读活动。活动充分依托国家数字图书馆"文津经典诵读"资源内容，以在线诵读古诗词的形式，激发少年儿童对中华传统文化经典的阅读学习兴趣，同时引导其充分利用数字图书馆优质资源。

推广工程办公室统一设计专题活动页面和宣传页面，完成在线语音征集、发布及评选，并借助数字图书馆推广工程微信服务号开展宣传推广。活动通过点赞统计和专家点评的方式进行优秀作品的评选，并对获奖者进行奖励，同时还收集优质语音和视频素材以丰富推广工程资源库内容。

活动拟联合中央人民广播电台（"为你读诗"栏目）、新华网（信息化频道）、北京青年报（社区报微信订阅号）等多家合作媒体，共同开展广泛的宣传与推广，加强互动、提高社会影响力。

二、时间进度安排

活动时间计划于2016年6月1日启动，8月底结束，之后进行相关的宣传和收尾工作。推广工程办公室考虑将活动安排在六一儿童节当天启动，一方面是因为可以最大限度吸引少儿群体关注，另一方面随着活动的推进，后期临近暑期，小朋友们时间比较自由，更便于参加线下培训等相关活动。具体各阶段工作安排如下：

第一阶段：5月初—5月31日　　　　前期预热

第二阶段：6月1日—6月30日　　　　活动启动、页面发布

第三阶段：7月1日—7月16日　　　　展示作品、分享点赞

第四阶段：7月17日—8月20日　　　活动评审、授予称号及奖励

第五阶段：9月1日前　　　　　　　后续宣传

三、活动预算

活动整体预算可分解为移动端和电脑端用户参赛系统的开发费用，视觉设计与宣传品设计制作费用、媒体宣传费、专家费、培训费、快递费等其他相关费用。

第五节　活动实施

一、活动分工及执行管理

结合活动内容，筹备工作大致可以划分为文案准备、软件开发、视觉设计、对外联络沟通、培训等几大类，因此该活动专门组建了筹备小组，并指定专人负责相应工作。具体每项工作的负责人还要对该项工作进行细分，比如文案工作包括内部报文、对外宣传通稿、对地方馆发文、活动规则、评审规则等，软件开发包括软件需求设计、软件开发及功能测试等，视觉设计包括主视觉设计、网站及微信页面设计、宣传手册、易拉宝等宣传品设计等，对外联络沟通包括媒体洽谈及对接、地方馆联络及反馈收集、专家联络及对接等，而培训则包括场地、日程、食宿等一系列安排。

与此同时，该活动在启动前也对活动周期、阶段任务进行了分解和细化，为后续的顺利实施奠定了基础，各阶段细化任务如表6-1所示。

表6-1 少儿活动执行计划表

时间	项目	阶段任务
5月初—5月31日	前期预热	1）内部报文审批； 2）战略合作伙伴洽谈，活动通告发送各级图书馆； 3）推广工程微信服务号上线； 4）活动视觉设计、宣传文稿准备等； 5）制定活动规则； 6）明确系统功能并进行系统开发及测试； 7）活动中计划推广的相关资源遴选。
6月1日—6月30日	活动启动，作品上传	1）活动启动； 2）新闻通稿发布，集中进行相关媒体宣传； 3）系统后续功能开发及测试，活动平台运维和后台数据监测； 4）邀请专家进行在线指导； 5）微信内容更新及访问监测； 6）各地进展跟进及反馈收集。
7月1日—7月16日	作品停止上传，进入点赞阶段	1）结合活动进展进行新一轮宣传； 2）作品展示、点赞及排行榜单页上线，系统后续功能开发及测试，活动平台运维和后台数据监测； 3）制定评审方式和评审规则，确定并邀请评审专家； 4）微信内容更新及访问监测； 5）各地进展跟进及反馈收集。
7月17日—8月16日	作品评选、结果公布及发放奖品	1）后台评审系统上线； 2）作品收集整理，并根据规则进行初筛和终选； 3）奖品设计、定制及奖品发放； 4）借助自有和公开媒体公布评选结果，并进行相关宣传； 5）筹备线下培训及节目录制； 6）微信内容更新及访问监测。

续表

时间	项目	阶段任务
8月17日—8月20日	国图培训＋央广节目录制	1）举办线下专题培训并直播； 2）央广"小喇叭"节目录制； 3）微信内容更新及访问监测。
9月7日	活动总结	1）活动总结、数据统计分析、反馈收集； 2）微信内容更新，活动收尾宣传。

　　该活动的具体实施是由推广工程工作人员和外包公司人员合作开展的，其中软件开发、视觉设计的工作采取外包的方式，工作组内部有专人对接并及时沟通相关需求，其余工作是工程工作人员来完成。由于人手有限，且许多工作相互关联，实际实施过程中，许多人是身兼数职的，比如某人承担着一类工作的牵头人，同时又参与另一类工作的具体筹备，尤其是影响活动各个环节的事项，比如活动规则、软件功能等内容，基本上都是全员共同参与讨论，这样也避免了因为信息不对称造成不同筹备事项之间出现疏漏或者断档。

　　此外，在筹备过程中，除了召开阶段性的碰头会沟通当前进展和下阶段工作以外，主要牵头人还建立了每日例会制度，就当日进展和问题进行简短沟通，以便有些紧急的工作能够及时得以处理。同时，由于碰头会讨论决策的事情比较多并且涉及较多细节问题，因此每次会议都有专人做会议纪要，并且发送全部人员，从而避免出现一些理解偏差，在具体落实过程中也能够起到查漏补缺的作用。而前面制定的项目执行进度表中也将工作事项分为"完成"、"进行中"、"进行中，有延迟"和"未开始"几种状态，以不同颜色标示，并安排专人来控制进度，根据实际推进情况实时更新进度表并及时提醒相关负责人，避免出现工作遗漏或者严重的进度延迟。

二、活动具体实施情况

　　从以下各个实施阶段的微信推文截图可以看到活动实施的细节情况以及借助微信推广的一些策略和方法。

（一）启动阶段

活动中推广工程微信服务号上正式发布启动通知，也借助微信推文明确告知参与者活动细则，其他自媒体和合作媒体的宣传中都明确告知参赛者要关注数字图书馆推广工程微信公众号来提交作品。同时，活动通过专家访谈的形式向参赛者提供在线诵读技巧指导和示范，并配合推出富有童趣的手机壁纸、图书馆资源推荐，增加少儿的兴趣和家长对平台的了解。具体如图6-10所示。

图6-10 全国少儿诗词在线诵读活动启动阶段微信推文

除了线上的推广，各图书馆也在推广工程提供的宣传素材和活动平台之外，策划了丰富多彩的线下活动，包括现场培训、提供录制设备和场地支持等。

（二）作品上传阶段

在作品上传前，参与者可以通过视频学习来加强对诗词的理解和熟悉诵读节奏，在作品提交之前可以通过回放来确认录音效果，同时为了便于后期评选和联系，也同步要求参与者提交个人信息。

图6-11　全国少儿诗词在线诵读活动作品上传界面

（三）作品点赞和排行阶段

2016年7月1日，参赛平台激活了参赛作品的点赞功能，同时发布了当前作品的排名榜单，以便参与者可以横向进行比较，激发起参与者进行网络传播的热情。

图6-12　全国少儿诗词在线诵读活动点赞和榜单微信推文

（四）评审阶段

初审是由数字图书馆推广工程工作人员结合作品点赞结果，初步筛选出200位参与者（每人1首作品，拥有多首作品的参与者，默认取其总分最高的作品为代表作），所挑选音频须清晰完整，无干扰杂音，有一定质量保证；然后，四位专家登录后台评审系统，对遴选出的200位参与者作品进行在线打分（参考评审标准规范），专家评审总分数的平均值为其作品的最终评分。

（五）公布结果

结果通过推广工程微信服务号和对外合作的媒体公布，各地图书馆也通过网站、微信等渠道进行转发，同时也对活动过程和获奖小状元的作品进行回顾和展示，并同步向参与者进行意见、建议的收集和活动效果评估。此期间微信推文如图6-13所示。

图6-13　全国少儿诗词在线诵读活动结果公布微信推文

结果公布后，工作组也根据参赛者预留的地址将奖品进行分组打包，并邮寄至当地图书馆，由当地图书馆进行后续奖品的分发。

（六）小状元来京集训与节目录制

针对前10名的获奖者，该活动策划了为期三天的专题培训，包括邀请知名专家进行现场授课，以及到活动的合作媒体——中央人民广播电台为获奖者专门录制了一期节目。

为了扩大培训受益面，所有授课过程都进行了网络直播，全国各地参与活动的儿童以及对诵读感兴趣的儿童都能够通过网络收看专家的指导，该直播受到了大家的好评。

图6-14　专家对小状元进行现场指导

此次活动中，推广工程与中央人民广播电台的跨界合作获得了多赢，不仅增强了推广工程活动的吸引力，也丰富了中央人民广播电台节目的内容，同时双方的受众范围都有了进一步拓展。

图6-15　获奖小状元在中央人民广播电台录制节目

（七）活动总结

活动结束后，主办方进行了总结，并制作推出专题数据报，通过直观的数据图文方式展示了活动成效，并进行收尾宣传。

第六节　评估反馈

一、实施效果评价

2016年数字图书馆推广工程举办的"童音诵古韵·经典有新声"全国少儿诗词在线诵读活动于当年8月底结束，活动历经三个月，从最初的思想碰撞，到方案制定、阶段实施、总结收尾等，整个过程紧张有序，最终取得了超出预期的效果。活动覆盖全国26省500余地，共收到2688位参与用户提交的4817件诵读作品，活动各类参与人数突破11.4万，资源类推文阅读总量超过7000次。同时，有效地带动了统一用户注册系统和移动数字图书馆平台访问量的增长。据统计，移动阅读平台2016年7月点击量较前一月22787人次，增长32%；统一用户注册人数7月较前一月增长40914人。大量的用户在推文留言中对推送资源给予好评，希望能够推介更多优秀资源，并希望能够举办更多类似的主题活动。

　　该活动的成功举办不仅为推广工程积累了成熟的活动平台和项目实施经验，同时也为推广工程的微信服务号积累了第一批的用户，并为推广工程开创了一个新的活动品牌，是对原有"网络书香"品牌的丰富和拓展。

二、用户反馈

（一）活动参与情况

　　活动主办方在活动结束后借助微信推文向参赛者进行了反馈调研，共计收到550份反馈，经统计分析，可以看出微信、微博是参赛者获取活动信息的主要途径，通过数字图书馆推广工程或其他图书馆微信、微博了解活动的用户超过半数，占比56.53%，图书馆网站、现场以及朋友推荐和网络搜索关键词、学校要求等其他途径也分别有一定的受众，可见多渠道投放取得了一定效果。具体如图6-16所示。

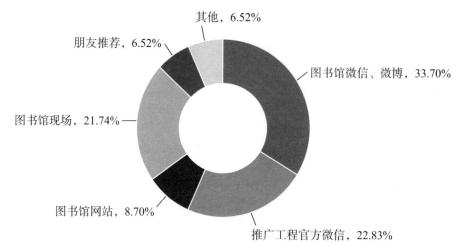

图6-16　用户了解活动信息的途径

（二）用户的客观满意度评价

　　用户满意度评价是用户反馈中不可或缺的项目，活动主办方从总体活动、内容形式、组织实施、技术实现等多个方面收集用户的综合评价，客观了解活动各阶段用户满意程度，以期监测活动是否满足用户的需求期望，从而改善和提高用户的满意度。整体来看，有超过一半的用户对该活动持非常满意态度，满意率达86.96%，不满意率较低，体现了用户对活动的充分肯定。

同时，推广工程也对活动的内容形式、组织实施和技术实现等方面的用户体验进行了调研。内容形式的满意度调查，主要从少儿诗词选题、视觉内容、开展线上活动形式等方面考虑；对组织实施的满意度，检测活动主办方的组织能力和实施力度；技术实现的满意度是对该活动的技术层面进行评测，主要体现在录制、点赞客户端方面的用户体验效果等方面。从调研结果看，这三个方面的用户满意度与总体满意度基本趋同。值得注意的是，对技术实现满意度"一般"占比22.83%，原因可能出现在活动"点赞"阶段对开放点赞后公众的热情度预估不够，对不同手机的适配度兼容不够，同时短时间流量过大致使服务器内存资源不足，点赞开始阶段一度出现点赞延迟、失效、访问空白等问题，导致部分用户体验度下降。面对紧急情况，主办方及时做出应急处理，使后期活动顺利进行。用户的及时反馈，有助于及时发现问题并改进，从而提升服务质量，为活动的顺利开展提供保障。具体如图6-17所示。

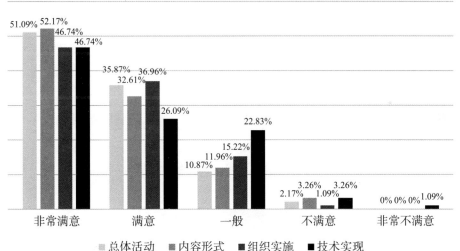

图6-17　用户的客观满意度评价

（三）用户的主观评价及感受

通过调查用户对该活动的看法，实施方了解到，80.43%的家长支持孩子参加此项活动，是因为他们认为诵读古诗词有益于提高孩子的文学素养、陶冶情操；另有超过一半的家长表示：孩子本身对古诗词或诵读有喜好；奖品具有吸引力，可以有机会来国家图书馆参与培训，并且可以到中央人民广播电台录音；也有41.3%的家长觉得通过活动孩子将获得成长，提高见识、结交朋友。

家长们对活动提出了积极的评价，主要包括：一是从活动本身来说，家长认为活动门槛低，参与度高，同时，利用微信等新媒体技术手段开展线上活动的宣传与实操，操作便捷、形式新颖；许多家长认为这样的活动有助于弘扬中华优秀传统文化，提高孩子对中国文化的深度了解，增强孩子的民族自信心与爱国热情。二是从孩子的角度来看，家长认为活动给了孩子锻炼和展示自我的机会；让孩子更多地接触到国学知识，激发了他们对古典诗词的兴趣；有助于发现自身不足，同时对孩子的诵读技能也有提升。

同时，家长们也提出了一些改进意见，建议加强与当地学校、图书馆的合作，鼓励更多的孩子参与活动，共享数字图书馆推广工程优质服务与资源；希望将诵读活动办成连续性活动，并在以后的活动中，向公众传授更多传统文化方面的知识；诵读的内容可不局限于古典诗词，可以增加《论语》《孟子》《道德经》《大学》《中庸》等中国经典文化典籍。

许多家长表示通过这次诵读活动，接触和了解到了数字图书馆，孩子因为活动被引导到数字图书馆，发现了电子图书、音频、视频、有声读物等数字资源，并且提高了孩子们利用数字资源的兴趣。他们还表示以后会经常关注数字图书馆推广工程组织的推广活动，并期待着下一次活动的开展。

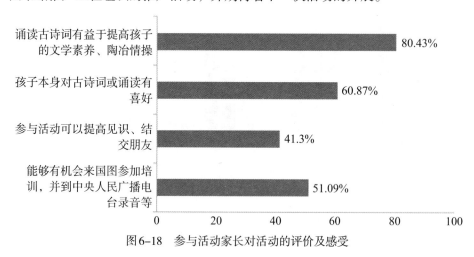

图6-18　参与活动家长对活动的评价及感受

三、反馈调整

活动组织者在活动结束后进行了内部总结，一方面对于活动组织实施过程中遇到的问题进行了总结，另一方面也对用户的评价和意见建议进行了梳理，以便后续活动可以借鉴。主要的调整方向包括：活动筹备时间提前、丰富参赛形式和参赛可选内容、增加视频展示、为各地个性化活动提供相关支持等。而在推广策略方面，各方反馈提的很多建议都非常好，比如制作活动宣传片并在多种媒体渠道投放、在保证整体品牌形象的前提下为各地提供定制化宣传素材、加大前期宣传和宣传纪念品制作、增加线下活动环节的设计、引导大家到图书馆来使用更多资源等。这些意见建议也都反馈到相关的环节，在后期的活动中得到了很好的采纳。

第七章　多元融合发展的数字图书馆推广

数字图书馆推广是一项融合了图书馆、市场营销以及信息网络技术等多学科领域知识的综合性业务，它利用图书馆营销和推广的相关理论成果和实践经验来提高人们对于数字图书馆的认知，提高人们的信息素养，促进人们对数字图书馆的利用，使数字图书馆能够发挥更大的社会效益。未来，数字图书馆推广必将在宏观和微观环境变化的影响下，以当前发展实际为基础，不断探索前行。

第一节　发展环境的变化

数字图书馆是图书馆业务的有机组成部分，也是国家公共数字文化建设的重要组成部分，受到国家文化政策发展、数字网络技术迅猛变革以及大众信息行为和需求的深刻变化等多方面因素的影响，我国数字图书馆推广的实践与研究也将面临巨大变化。

一、近年来国家相关政策的变化

（一）《公共图书馆法》出台

2017年11月4日，《中华人民共和国公共图书馆法》（以下简称"公共图书馆法"）正式获得表决通过，这是党的十九大之后出台的首部文化立法，彰显了公共图书馆事业在中国特色社会主义文化中的重要地位，体现了公共图书馆在新时代满足人民日益增长的美好生活需要的重要作用。公共图书馆法以法律形式固定党和国家发展公共图书馆的方针政策，弥补了文化立法"短板"，对进一步健全我国文化法律制度、促进公共图书馆事业发展、保障人民群众基本文化权益具有重要意义。

公共图书馆法在第一条、第三条明确规定，公共图书馆发挥着传承人类文明、保障公民基本文化权益、提高公民科学文化素质和社会文明程度的重要作用，必须坚持社会主义先进文化前进方向，坚持以人民为中心，坚持以社会主义核心价值观为引领，弘扬中华优秀传统文化，继承革命文化，发展社会主义先进文化。

与此同时，公共图书馆法强调了公共图书馆的公益属性，对其服务提出了明确要求。公共图书馆应着眼打通"最后一公里"，要完善公共图书馆设施网络、开展数字化服务，特别是重视支持革命老区、民族地区、边疆地区和贫困地区公共图书馆事业发展，让人民群众共享文化改革发展成果；提出要加强资源整合，大力推进县级图书馆总分馆制，将县一级的优质资源输送到基层乡村；提出要建立健全法人治理结构、公共图书馆服务规范和建立反映公众文化需求的供需反馈制度、公众参与的考核评估制度等，促进公共图书馆进一步提升服务效能。

此外，公共图书馆法指出应该高度重视社会力量参与公共图书馆建设。从设立主体、享有权利、扶持政策、参与方式等方面，公共图书馆法都对社会力量参与公共图书馆建设做出了规定。强调公共图书馆建设不仅包括政府设立的，国家还鼓励公民、法人和其他组织自筹资金设立公共图书馆。由公民、法人和其他组织兴办的公共图书馆只要依法登记注册、符合公共图书馆办馆条件，就可以享有与政府设立的公共图书馆同等的权利。政府对社会力量参与公共图书馆建设，将按国家有关规定给予政策扶持。

公共图书馆法的出台为图书馆开展资源建设、服务和推广等各项业务提供了法律依据，同时也为各项业务的未来发展提供了方向指引，数字图书馆推广工作是图书馆工作的一环，也将与其他工作相互衔接、相互促进，共同实现图书馆为社会大众提供知识资源、完善信息保障、发展社会教育、缩小数字鸿沟等方面的重要使命。

（二）公共数字文化融合发展

2018年3月，按照党的十九届三中全会审议通过的《中共中央关于深化党和国家机构改革的决定》、《深化党和国家机构改革方案》和第十三届全国人民代表大会第一次会议批准的《国务院机构改革方案》，文化与旅游部正式成立。

2019年5月，文化和旅游部办公厅印发《公共数字文化工程融合创新发展实施方案》，要求各地文化和旅游部门以"把握导向，严格把关""统筹规划，融合发展""创新驱动，突出效能""开放共享，社会参与"为指导原则，加强组织领导，强化政策保障，扎实稳妥推进。《实施方案》提出4项重点任务：统筹工程建设管理、整合工程平台与服务界面、统筹工程资源建设和服务推广、引导社会力量参与工程建设。统筹工程建设管理包括统一称谓、统一标准规范体系、统筹开展业务培训、完善工程管理机制；整合工程平台与服务界面包括构建统一的公共数字文化基础平台、推出统一的基层服务界面、建设公共文化大数据平台；统筹工程资源建设和服务推广包括加大宣传推广力度、建立公共数字文化资源服务总目录、合理规划资源建设内容、完善资源存储和供给体系；引导社会力量参与工程建设包括深入推进资源建设社会化、拓宽资源传输渠道、创新工程设施管理运营模式。

围绕中央关于加快构建现代公共文化服务体系的决策部署，按照公益性、基本性、均等性和便利性要求，以现代信息技术为支撑，以重点公共数字文化惠民工程为抓手，以资源建设和服务推广为重点，进一步完善公共数字文化服务网络，丰富服务资源，提升服务效能，全面提高公共文化管理和服务的信息化、网络化水平，促进基本公共文化服务标准化、均等化，更好地满足广大人民群众快速增长的数字文化需求。

数字图书馆是公共数字文化建设的重要组成部分，公共数字文化的融合发展将会对数字图书馆推广工作产生深远影响，如推广主体的多样化、推广内容的整合、推广渠道的融合以及推广范围的交叉和分层等，而数字图书馆推广的理论与实践成果如何更好地拓展到更广阔的公共数字文化建设中去，也是当前面临的问题。

（三）国家文化机制体制改革

2019年10月31日，中国共产党第十九届中央委员会第四次全体会议通过《中国共产党第十九届中央委员会第四次全体会议公报》。全会提出，中国特色社会主义制度是党和人民在长期实践探索中形成的科学制度体系，我国国家治理一切工作和活动都依照中国特色社会主义制度展开，我国国家治理体系和治理能力是中国特色社会主义制度及其执行能力的集中体现。全会提出，坚持和完善繁荣发展社会主义先进文化的制度，巩固全体人民团结奋斗的共同思想基础。发展社会主义先进文化、广泛凝聚人民精神力量，是国家治理体系和治理能力现代化的深厚支撑。必须坚定文化自信，牢牢把握社会主义先进文化前进方向……激发全民族文化创造活力，更好构筑中国精神、中国价值、中国力量。坚持马克思主义在意识形态领域指导地位的根本制度，坚持以社会主义核心价值观引领文化建设制度，健全人民文化权益保障制度，完善坚持正确导向的舆论引导工作机制，建立健全把社会效益放在首位、社会效益和经济效益相统一的文化创作生产体制机制。坚持共同的理想信念、价值理念、道德观念，弘扬中华优秀传统文化、革命文化、社会主义先进文化，促进全体人民在思想上精神上紧紧团结在一起的显著优势；这些显著优势，是我们坚定中国特色社会主义道路自信、理论自信、制度自信、文化自信的基本依据。

坚持和完善繁荣发展社会主义先进文化的制度，未来我们要面临文化体制改革、文化法治建设、文化市场体系完善、文艺领域治理能力现代化，以及媒体融合等多方面的变化。对于数字图书馆推广工作而言，如何借助新旧媒体、新旧文化业态的互补优势，如何利用制度改革来缓和数字文化业态的冲击，如何顺应供给侧改革发展需要，重构生产与传播的关系等，都是必须要面临的问题。

二、数字网络技术更新迭代

当前，新一代网络信息技术不断创新突破，5G、人工智能、大数据、云计算、物联网等新技术加速迭代升级，数字化、网络化、智能化深入到各行各业。互联网和信息技术不断颠覆着人们对于未来可能性的认知，在社会生活的诸多方面开始展现出强大的优势和广阔的应用前景，日渐改变着我们每一个人的生活及认知世界的方式。技术变革既提供了新的发展机遇和变革契机，也带来了新的发展问题和严峻挑战。

数字图书馆是网络环境下图书馆新的发展形式，数字图书馆推广与网络信息技术发展息息相关。云计算与数字图书馆的结合，能够将分散的数据集中成为一个海量虚拟的资源库，消除数字图书馆资源孤岛，有助于实现更大范围内的资源共享，从而提高数字图书馆资源规模和吸引力，降低数字图书馆推广成本。大数据技术可以帮助数字图书馆从复杂的服务数据中提取有价值的信息，从而有针对性地进行资源建设和服务提升，可以发现用户的隐性诉求与行为偏好，进而开展个性化推广，提升数字图书馆推广和服务效能。人工智能、虚拟现实和增强现实等技术尽管目前仍然处于实验应用阶段，但是已经显示出其强劲的发展势头和用户吸引力，尤其是在数字图书馆的推广方面，借助这些新的技术手段可以为用户提供更加智能化、可视化和沉浸式的体验，创新数字图书馆资源的使用方式，提升用户的信息与数字素养。移动互联网的快速普及使得信息的获取与传播更加快速、便捷，而手机也日益取代电脑、图书等成为人们获取和传播信息的主要载体，5G网络的大范围商业应用必将引爆海量数据流的增长，使得高清视频、网络直播、虚拟现实等大数据量的网络传输成为常态。人们的信息获取和使用载体、场所和信息内容本身都发生了根本性变化，这必然带来数字图书馆推广的内容、渠道以及推广方式的巨大变革。

三、互联网用户需求日新月异

技术的创新发展带来了软件平台和服务模式的不断升级迭代，也深刻改变着互联网用户的信息获取与交流方式。近年来，互联网环境下公众信息获取和阅读习惯呈现出多渠道、移动化、社交化等特点，用户更加注重自身参与感和实际体验。

数字阅读尤其是移动阅读持续增长，未成年人是其中非常重要的阅读群体。据第四十四次《中国互联网络发展情况统计报告》显示，到2019年6月我国网民使用手机上网的比例已达99.1%，总规模达到8.47亿。网络视频用户规模达7.59亿，占网民总数的88.8%。与此同时，据第十六次全国国民阅读调查报告统计，数字化阅读在媒介接触率和阅读时间上都一直保持增长态势：2018年数字化阅读方式的接触率达76.2%，比前一年上升3.2%，40.2%的成年国民倾向于"手机阅读"，比前一年上升5.1%。并且值得注意的是0—17周岁未成年人的图书阅读率为80.4%，低于前一年的84.8%；0—8周岁儿童家庭中，68.7%的家长有陪孩子读书的习惯。

信息获取日益社交化，知识学习渠道更加开放和多元。2019年，96.5%的网民使用即时通信，尽管搜索引擎仍然是人们搜索信息的主要入口，但是微博、微信等社交媒体也逐渐成为新的信息获取渠道，今日头条、抖音等基于推荐算法的信息推送服务使得人们不用搜索就可以获取到自己感兴趣的内容，同时基于社群的新型学习模式出现，MOOC、播客等知识平台让人们能够随时随地学习，知乎、维基百科等网络平台提供的高质量内容日益受到互联网用户的青睐，各类开放获取的免费资源使得信息交流和知识获取更加开放和多元，内容更加丰富。

面对当前人们信息获取习惯的巨变，数字图书馆推广需要重新审视和调整推广对象和分层推广策略、推广内容、推广渠道等各个方面，更加准确把握互联网用户对数字图书馆、对数字信息服务的需求和偏好，把更优质适合的资源与服务推广出去，实现供需的有效对接。

第二节　数字图书馆推广工作展望

近年来一系列国家政策的出台，为数字图书馆的建设与推广提供了更坚实的制度保障和发展空间，也提出了新的发展课题，网络与信息技术飞速发展、用户需求日新月异更是对数字图书馆推广提出了更高的要求。

融合发展是未来数字图书馆推广工作首先要面临的考验，文化旅游大融合、公共数字文化建设融合、信息技术融合必然催生产品融合、服务融合、平台融合、媒介融合，数字图书馆推广工作需要首先在融合上发力，强化新技术新媒体融合应用，加大多方协作与融合发展。其次，体制机制的改革、信息技术和用户需求的快速变化要求数字图书馆推广工作要紧跟时代、技术和需求发展，不断创新发展理念，突破固有的服务与产品范畴，真正从用户出发、从数字图书馆的核心使命、从国家文化发展的现实需求出发来定位推广内容和推广策略，创新推广模式，不断提高数字图书馆推广的效率与活力。

在操作层面，数字图书馆推广需要进一步明确发展方向，从数字图书馆推广对象、推广内容、推广策略和推广主体等各个要素出发综合发力。具体来说，可以从以下几方面开展建设。

一、扎根用户需求，细化数字图书馆推广对象

文化和旅游产业融合、数字文化建设融合必然带来数字图书馆业务模式的创新发展，新一代信息技术的发展不断改变着数字图书馆的资源内容、服务平台和服务方式。在未来这样一个融合发展、互联互通和广泛共享的时代，数字图书馆推广必须要坚持用户需求为中心的基本原则，准确把握用户对象群体的变化、用户使用习惯和信息需求的变化，细化数字图书馆推广对象，面向不同

对象进行精准推广。

数字图书馆推广应充分依托物联网、大数据等新技术优势，加强对网络用户行为和需求的数据分析和研究，加强与线下设施活动协同配合，实行"订单式""菜单式""预约式"等个性化和智能化推广，借助网站、移动终端、阅读器等多种渠道加强对残障人士、少年儿童、贫困人群等不同群体的服务推广力度。在基层推广普适性资源的基础上，还要根据需求的差异推广惠农资源、务工资源、少儿资源、社区服务资源、残障专题资源、精准扶贫资源等各具特色的个性化数字资源产品，把更便捷和多元的知识推送到最需要的群体，不断提升各类型用户的阅读和信息获取体验，提升广大群众的科学文化和信息素养，丰富基层群众的精神文化生活。

二、坚定文化自信，丰富数字图书馆推广内容

当前，随着国家政策支持和信息技术的推广应用，我国图书馆的数字资源保持着持续增长趋势，并且初步形成了体系完善、内容丰富、种类多样的数字文化资源，为数字图书馆的推广奠定了坚实的资源基础。然而，面对互联网信息技术和用户需求的迅速变化，国内数字图书馆的资源在内容、形式、服务模式等方面与用户的需求之间还存在着一定的发展差距，资源重复建设与特色不鲜明、开放程度不够以等问题也成为制约数字图书馆推广成效的突出问题。

未来，各地数字图书馆应该加强产品推广的理念，将产品化思维融入数字资源的建设与规划中去，以用户的文化信息需求为导向，有序推进艺术鉴赏、全民阅读、知识讲座、实用科技、健康生活等基础性数字文化资源的产品化。坚定文化自信，坚持弘扬和传承中华优秀传统文化，加强中国戏曲、书法、民歌等优秀传统文化资源，以及红色历史文化、少数民族文化、当代文化艺术与群众文化等资源建设，深入挖掘地方特色文化资源，加强体现民族文化、历史文化、地域文化等特色文化的资源建设，形成一系列体现社会主义核心价值观、展示中华文化精神、反映当代中国人审美追求，思想性、艺术性、观赏性较强的地方特色数字文化资源，不断丰富数字图书馆推广的内容供给。

三、紧跟技术发展，创新数字图书馆推广模式

技术的快速更迭带来了挑战，也带来了机遇，传播渠道的差异对数字图书

馆推广的效率影响非常大，因此，可以充分抓住新技术的发展机遇期，创新推广模式，以更优质、快捷和有吸引力的推广方式将资源和服务推送到终端用户。

加强虚拟现实（VR）、增强现实（AR）等新技术和数据图文等图像化方式在数字图书馆服务与推广中的开发和应用，加强线上线下数字信息服务的融合，丰富用户的阅读体验，提高数字图书馆推广的趣味性和吸引力。建立健全大数据分析系统，加强用户需求信息的整理、归纳和分析，精准识别用户的文化信息需求，不断发挥图书馆自身的海量资源和优质文化优势，以更加智能化、个性化的方式进行资源和服务的推送。嵌入离用户更近的信息服务生态系统，积极探索与播客、短视频、直播等新兴的媒体平台和支付宝、微信等互联网服务合作，不断加强对用户信息素养和阅读习惯的引导。加大适用于移动设备等新媒体服务的资源改造和建设，将优秀的资源借助先进和更贴近用户需要的渠道进行广泛推广，使用户可以通过各类终端方便快捷地获取数字图书馆的资源与服务，多途径提高推广效率。

四、强化品牌意识，扩大数字图书馆推广影响

品牌意识对于互联网产品和服务在日新月异的网络环境中保持旺盛的生命力是非常重要的，数字图书馆推广不仅要强内功、在资源内容和服务质量方面不断提高，还要注意提高品牌意识。许多图书馆的活动举办得挺好，但是缺乏连贯性，没有统一的形象设计或者简单易识别的理念传达，最终导致活动的传播度和长期效果都不好。

未来，无论是从数字图书馆自身发展还是推广工作的规划和开展来看，都应该加强品牌建设。加强推广品牌的设计和规划，重视对已有品牌的保护，加强统一标识，推动品牌形象和推广理念的标准化、规范化，提高推广品牌的辨识度和传播度。同时，图书馆应该依托自身优势，深入挖掘文化资源的价值内涵和文化元素，加强现代科技在资源和服务品牌塑造中的应用，设计集艺术性和实用性相统一、适应现代生活需求的数字文化创意产品和服务，突出自身价值，促进数字图书馆产品与服务在全社会的广泛传播，提升数字图书馆品牌辨识度与影响力。

五、加大人才培养，夯实数字图书馆推广根基

人才是事业发展的根基和关键。数字图书馆推广工作是一项融合了图书

馆、计算机、媒体传播和市场营销等多学科知识和技能的综合性业务，兼具理论性和实操性，对于从业人员的素质要求非常高。

未来，数字图书馆推广工作的持续发展需要有一支专业基础过硬、与时俱进的人才队伍作保障，这就要求数字图书馆的实施主体要不断加大人才培养力度，做好人才建设规划。要建立常规的人才培养机制，培训内容不仅要紧跟行业发展，还要注重新技术的应用，同时要着重强化新媒体传播、营销推广相关的理论与实践的学习，补充传统图书馆人才知识结构的不足。在培养方式上，积极引入最新的理念和方法，包括但不限于课堂学习、网络自学、业务交流与实地参访等。可借鉴国际最新的信息素养教育理念与模式，不断提高从业人员知识自我更新能力与创新能力，不断增强数字图书馆推广人员的整体素质，提供更多的岗位成才与业务发展机会，夯实数字图书馆推广的人才根基。

六、深化多元合作，增强推广事业活力

万物互联背景下，全国数字图书馆日益成为一个整体，推动着全国范围内的信息传播、资源共享。而面对未来文化、旅游的深度结合，公共数字文化的融合发展，数字图书馆的推广合作将会在图书馆、博物馆、美术馆、文化馆等更广泛的文化服务机构内展开，并将不断突破区域、行业的限制，实现数字文化信息资源的共享互通和广泛传播。借助这些合作，可供推广的文化信息资源与推广活动内容将更加丰富和有吸引力。

与此同时，政府转变职能的要求与文化机制体制改革的成果还将带来社会力量、民间团体和用户在数字文化服务中的广泛参与，社会力量将参与到数字图书馆的平台开发、资源建设、服务推广和运营管理等多个环节。对于数字图书馆推广而言，应该积极引导和鼓励社会力量的参与，尤其是在品牌塑造、文化产品开发、新技术应用、媒体推广等方面充分发挥社会力量的优势。同时不断总结和优化，形成优势互补的多元合作模式，不断丰富数字图书馆推广的产品内容、壮大推广队伍力量、提高推广效率，从而不断增强数字图书馆事业的发展生机与活力，使数字图书馆在消除信息获取差距、提升民众文化信息素养、促进社会进步与文明传承中发挥重要作用。

附录A 数字图书馆推广工程调研问卷

A.1 2012年全国数字图书馆调研问卷

填表说明：

1.本调查问卷共有七个表格，其中表A-1为基本馆情调研；表A-2、表A-3为软、硬件情况调研；表A-4、表A-5、表A-6为数字资源建设情况调研；表A-7为推广工程相关问题调研。

2.建议每个表格分别由对应的相关业务部门填写，由一人负责回收，统一反馈给我们。请联络人填写相关信息，方便日后联络。

3.填写的统计数据截止日期为2011年底。

联络人信息：

姓名		性别	
职务		电话	
邮箱		所在部门	
通讯地址			

表A-1　基本馆情

机构名称						
人员情况	工作总人数	人	核定编制	人	图书情报专业	人
	在岗编内人员	人	从事数字图书馆工作人员	人	信息技术专业	人
	在岗编外人员	人	人员缺口	人		
	注：填最新统计数据。工作总人数＝在岗编内人员＋在岗编外人员。 　　数字图书馆从业人员包含从事与系统/网络、数字资源建设、数字图书馆服务、数字图书馆管理相关工作的人员。					

续表

立项情况	是否有数字图书馆立项	□是　□否	立项时间	
	专项经费		经费来源	
经费情况	数字资源年度采购经费	万	经费来源	
	文献数字化建设年度经费	万	经费来源	
	硬件设备年度采购经费	万	经费来源	

部门设置	部门名称	人数	部门名称	人数

读者服务工作	所辖地区常住人口	万	图书馆有效证总量	张
	年到馆读者	人次	网站年点击量	万次
	数字资源访问量	次	数字资源下载量	次
	电子文献传递量	次	虚拟参考咨询解答量	次
	电子阅览室	平方米	盲人阅览室	平方米
	注：数字资源访问和下载量含本地镜像和远程访问数据。			

表A-2　数字图书馆—硬件设施

机房	面积	平方米	UPS功率	KV
	温度范围	℃	UPS延时	小时
	湿度范围	RH	24小时开机	□是　□否
	机房环境监控系统		□有　□否	
	监控内容有：_____			
	注：温度和湿度范围填写在使用空调系统进行控制的情况下机房的温湿度。			

局域网和网络安全	总数据点	个	防火墙型号		
	核心交换机	台	VPN设备类型和型号		
	其他交换机	台	入侵检测设备型号		
	总交换端口数	个	上网行为管理系统型号		
	无线接入点（AP）数量				
	无线网络	覆盖范围：□无　□部分区域　□全馆覆盖 能否上互联网：□能　□不能			
	注：总交换端口数为各种交换机的端口数之和。防火墙、VPN和入侵检测设备为一体化设备时（如统一防御系统UTM）填同样的设备型号。				
互联网	运营商（多选）	□电信　□联通　□广电　□教育		带宽	
	网络链路负载均衡设备型号				
	主网站网址				
	注：运营商可以有多个，带宽需对应填写；有主网站请填写网站域名或IP地址，没有网站的可不填数据。				
服务器	物理数量	台	总核数		个
	总CPU数	个	总内存量		GB
	操作系统（多选）	□Windows类　□Unix类　□VMware类　□其他			
	服务器类型	□X86服务器　□小型机选项			
	数据库（多选）	□Windows SQL类　□Oracle类　□其他			
	注：服务器仅统计2006年1月以后购买的，2颗CPU以上的服务器。				
存储	裸容量	TB	已用容量		TB
	实际容量	TB	注：裸容量为硬盘标量，如1TB硬盘		
	在线	TB	近线	TB	离线　TB
终端设备	计算机终端数	台	业务自动化		台
	读者用机　电子阅览室	台	工作用机　办公用机		台
	读者用机　书目检索	台	工作用机　笔记本电脑		台
	读者用机　资源阅览	台	工作用机　其他		台
	读者用机　其他专用	台	工作用机　合计		台
	读者用机　合计	台	触摸屏读报机		台
	注：计算机终端仅统计2006年1月以后购买的。				

续表

RFID	主要设备品牌		实现图书数量	万册
	标签品牌		开始使用时间	年　月
	室内借还机	台	室外还书机	□有　□无
	馆藏清点仪	台	24小时借还系统	□有　□无
数字化	普通扫描仪	台	普通摄像机	台
	专业扫描仪	台	专业照相机	台
	专业摄像机	台	非线性编辑系统	套

表A-3　数字图书馆—软件系统

	序号	系统类型	本馆软件的具体名称	来源 1购买 2配发 3自主开发
应用软件		业务自动化系统		
		电子阅览室管理系统		
		光盘等非书资源管理系统		
		网站内容管理系统		
		用户统一管理和认证系统		
		资源统一检索系统（读秀平台可归入此）		
		数据资源加工和发布		
		视频非线性编辑系统		
		网络资源采集系统		
		馆际互借和文献传递系统		
		流媒体点播服务系统		
		数字资源远程访问系统		
		虚拟参考咨询服务系统		
		移动终端资源访问服务（移动图书馆）		
		办公自动化（OA）系统		

续表

		其他		

注：填最新数据。当本馆有对应的软件系统时，填上序号、具体软件名称等。

系统管理软件		网络防病毒软件		
		上网行为管理软件		
		数据备份恢复软件		
		信息系统运维管理软件		
		其他		

注：填最新数据。当本馆有对应的软件系统时，填上序号、具体软件名称等。

表A-4 数字图书馆—外购数字资源

序号	资源名称	内容范围（学科/主题等描述）	数量（种/册/篇等）	时间范围	资源位置 1镜像 2远程 3两者	访问控制 1仅限馆内 2认证+本地 3认证	采购方式 1独购 2合购 3集团采购
样例	CNKI中国期刊全文数据库	全购	全购	全购	3	2	1

注：填最新数据。

1）资源对象为具体的数据库；2）数据库全库购买时，内容范围、数量和时间范围可填"全购"；3）对所填项目不详时填"不详"；4）如果没有购买所列出的数据库时，空着不填；5）镜像是指数据库数据安装在本地并适时更新；6）访问控制的认证是指在馆外访问需要用户名和密码，本地是指限于本地区或城市范围访问。

表A-5　数字图书馆—已建、在建数字资源

序号	资源名称	主题内容（专题/主题等描述）	资源类型 1文献数字化 2专题数据库 3视频资源	资源规模（种/页数）（条目数）（部/小时）	数据量（GB）	完成时间	使用方式 1开放使用 2授权使用 3有偿使用 4不公开	其他说明
样例	视频讲座	专家学术讲座	3	596部/1000小时	200	2011	1	

注：请填写正在建设中的或已经完成的自建数字资源，完成时间表明所建资源是否完成；资源类型与资源规模单位存在一一对应关系，如资源类型选"1"文献数字化，资源规模就填"种/页数"（3种/888页）；使用方式填写对外服务使用的方式，"3有偿使用"包括对外发行和销售的数字资源。

表A-6　数字图书馆—拟建数字资源

序号	资源名称	主题内容（专题/主题等描述）	资源类型 1文献数字化 2专题数据库 3视频资源	资源规模（种/页数）（条目数）（部/小时）	数据量（GB）	计划时间	使用方式 1开放使用 2授权使用 3有偿使用 4不公开	其他说明

注：请填写正在建设中的或已经完成的自建数字资源，完成时间表明所建资源是否完成；资源类型与资源规模单位存在一一对应关系，如资源类型选"1"文献数字化，资源规模就填"种/页数"（3种/888页）；使用方式填写对外服务使用的方式，"3有偿使用"包括对外发行和销售的数字资源。

表A-7 推广工程相关问题

软件系统平台	希望共享的系统平台有	□统一用户管理系统 □唯一标识符系统 □文津搜索系统 □中国政府公开信息整合服务平台 □文献数字化加工系统 □版权管理系统 □电子报触摸屏 □在线读报系统 □网络资源获取系统 □其他_____
	对共享系统平台的建议：	
资源建设	中文外购数据库方面，从数据库类型角度，贵馆对以下何种类型的需求较为迫切	□电子图书 □全文期刊 □电子报纸 □学位/会议论文 □专利/标准 □数值事实 □索引/文摘 □工具类 □音视频 □其他_____
	外文外购数据库方面，从数据库类型角度，贵馆对以下何种类型的需求较为迫切	□电子图书 □全文期刊 □电子报纸 □学位/会议论文 □专利/标准 □数值事实 □索引/文摘 □工具类 □音视频 □其他_____
	在商业数据库采购方面，贵馆更倾向于哪种方式	□有补贴的单馆采购 □有补贴的集团采购 □直接转移支付单馆采购 □无补贴的联合采购 □国家中心集中采购 □其他_____
	目前，正在全国公共图书馆范围内开展自建数字资源登记工作，贵馆是否愿意参加	□愿意 □不愿意，原因_____
	针对未来推广工程开展的资源联合建设，贵馆更倾向于哪种方式	□项目申报 □资源征集 □其他_____
	期望联合建设数据库主题是	□中华文明资源 □立法决策服务资源 □学术基础研究资源 □社会文化知识 □公民终身学习资源 □民族文化资源 □少年儿童资源 □特殊群体资源 □其他_____
	对资源建设工作的意见和建议：	
标准规范	贵馆现有标准规范有	□汉字处理规范 □唯一标识符规范 □对象数据规范 □元数据规范 □知识组织规范 □资源统计规范 □长期保存规范 □其他_____
	期望使用推广工程标准规范有	□汉字处理规范 □唯一标识符规范 □对象数据规范 □元数据规范 □知识组织规范 □资源统计规范 □长期保存规范 □其他_____
人员培训	培训内容	□数字图书馆理念普及 □软硬件及网络平台建设 □数字资源建设及合作共建 □新媒体服务开展 □其他_____
	培训形式	□集中培训 □专题研讨 □在线学习 □人才交流 □示范点参观交流 □其他_____
	对培训工作的意见和建议：	

续表

宣传工作	贵馆认为建立通讯员机制是否必要	□是　□否					
	贵馆认为推广工程宣传方式有	□电视　□报纸　□网站　□内部刊物　□讲座　□展览　□宣传册　□其他_____					
	对宣传工作的意见和建议：						

A.2　2014年数字图书馆用户调研问卷

尊敬的读者：

您好！数字图书馆是传统图书馆在数字化、信息化、网络化环境下新的发展形态，整合了内容丰富、品类齐全的优秀数字资源，用户足不出户即可通过互联网、移动网络等新兴媒体方便快捷地获取到各类型信息与知识服务，为大家的工作、学习和生活提供了诸多便利。此次调查活动旨在了解用户对当前数字图书馆的需求、建议和反馈，从而改善服务，提升用户体验。

真诚感谢您的参与与关注！

1.您的年龄_____

2.您的性别_____

　　A 男　　　　　　　　　　　　B 女

3.您的学历_____

　　A 大学专科及以下　　　　　　B 大学本科

　　C 硕士研究生　　　　　　　　D 博士或以上

4.您所从事的职业_____

　　A 学生　　　　　　　　　　　B 专业技术或科研人员

　　C 军人　　　　　　　　　　　D 医护人员

　　E 政府机关公务员　　　　　　F 文化教育工作者

　　G 自由职业　　　　　　　　　H 离退休人员

　　I 私营/个体业主　　　　　　　J 其他_____

5.您所在省_____

6.您的邮箱_____

7.请选择合适的级别来描述您的上网频率（从1—5表示使用频率由低到高）。

　　1　　　　2　　　　3　　　　4　　　　5

8.【单选】您主要通过哪种方式获得资讯或查询资料?

　　A互联网搜索引擎或门户导航　　　　B图书馆资源

　　C数据库商网站　　　　　　　　　　D通过专业机构或人士进行咨询

　　E其他，请注明_____

9.【多选】您经常使用哪些数字设备?

　　A台式电脑　　　B笔记本电脑　　　C平板电脑　　　D手机

　　E数字电视　　　F电子书阅读器　　G其他_____

10.请选择合适的级别来描述您使用数字图书馆的频率（从1—5表示使用频率由低到高）。

　　1　　　　2　　　　3　　　　4　　　　5

11.【多选】您希望数字图书馆能够提供什么类型的信息或服务?

　　A生活服务　　　　　　　　　　B科研学习

　　C休闲娱乐　　　　　　　　　　D其他，请简述:_____

12.【单选】您平时主要通过以下哪种设备使用数字图书馆的资源与服务?

　　A台式电脑　　　B笔记本电脑　　　C平板电脑　　　D手机

　　E数字电视　　　F电子书阅读器　　G其他_____

13.【单选】若您选择数字图书馆，您最看重下面哪个方面?

　　A内容权威　　　B资源丰富　　　C使用便利　　　D节约资金

　　E其他，请注明:_____

14.【多选】您经常使用的数字图书馆资源有哪些?

　　A电子图书　　　B全文期刊　　　C电子报纸　　　D学位/会议论文

　　E专利/标准　　　F数值事实　　　G工具书　　　H音视频

　　I其他_____　　　　　　　J都不使用，原因是_____

15.您认为数字图书馆在资源服务方面的优势应该体现在哪些方面?

　　A资源获取不受时空限制

　　B信息量大且内容权威

　　C分类有序，导航精准，获取方式方便快捷

D 具有较强的专业性和学术性

E 资源与服务的特殊性（如善本古籍等资源的服务）

F 可扩展，提供在线咨询、读者互动等服务

G 其他_____

16. 您目前主要使用的数字图书馆是_____

17. 请选择合适的级别描述您对该数字图书馆资源的满意度（从1—5表示满意度由低到高）

　　1　　　　2　　　　3　　　　4　　　　5

18. 请选择合适的级别描述您对该数字图书馆服务的满意度（从1—5表示满意度由低到高）

　　1　　　　2　　　　3　　　　4　　　　5

19. 请选择合适的级别描述您对该数字图书馆宣传推广工作的满意度（从1—5表示满意度由低到高）

　　1　　　　2　　　　3　　　　4　　　　5

20.【单选】您最希望能在什么地方获取数字图书馆的活动信息？

A 图书馆网站、馆舍内公告、通知、宣传册

B 微博、社交网站　　　　　　C 门户网站、媒体网站

D 电视　　　　　　　　　　　E 广播

F 报纸、杂志　　　　　　　　G 广告灯箱、广告牌上

H 邮件推送、短信通知　　　　I 其他，请简述：_____

21.【单选】您最希望了解关于数字图书馆的什么内容？

A 数字图书馆究竟是什么

B 数字图书馆和我有什么关系、对我有什么价值

C 现在有什么方式能获取数字图书馆资源

D 数字图书馆实时动态

E 其他，请简述：_____

22. 您认为数字图书馆的服务应该如何改善和提升？

_____

23. 您认为数字图书馆的宣传推广应该如何改善和提升？

_____

A.3 2014年数字图书馆用户调研报告

该问卷调查由数字图书馆推广工程办公室实施，调研自2014年5月20日开始，到2014年6月10日结束，合计发放问卷1442份，回收有效问卷792份，回收率为55%。

问卷发放分为两种途径。第一种途径，按照尽量覆盖各区域，兼顾发达地区、欠发达地区和民族地区的原则，选取包括国家图书馆在内的13家各级、各地公共图书馆，邀请到馆读者填写问卷。实施方通过邮件的方式回收问卷，并将有效问卷录入问卷调查网站"问卷星"加以分析。这种途径共发放问卷530份，回收有效问卷477份，回收率为90%。选取的图书馆中，国家图书馆共发放问卷150份，回收有效问卷120份，回收率为80%；东部地区5家（山东省图书馆、天津市图书馆、福建省图书馆、广东省立中山图书馆、浙江省宁波市图书馆），占38%，共发放问卷150份，回收有效问卷139份，回收率为93%；中部地区3家（河北省图书馆、山西省图书馆、湖北省图书馆），占23%，共发放问卷100份，回收有效问卷99份，回收率为99%；西部地区4家（甘肃省图书馆、贵州省图书馆、内蒙古自治区图书馆、广西壮族自治区图书馆），占31%，共发放问卷130份，回收有效问卷119份，回收率为92%。第二种途径为委托问卷调查网站"问卷星"，面向社会公众发放问卷，以弥补第一种发放途径中对非图书馆读者的缺失。共发放问卷912份，回收有效问卷315份，回收率为35%。回收的问卷利用"问卷星"的统计分析功能进行辅助研究。因上述两种问卷发放途径针对的对象有所差异，因此将对两类问卷做独立、对比分析。

以下为调研结果分析。

1.问卷受访者的年龄结构

无论是网络受访者还是图书馆受访者中，26—40岁人群的占比都是最高的，占比分别是67%、51%，均超过了总数的一半，25岁及以下群体在网络和图书馆受访者中的占比相当，分别是27%和26%，而网络受访者中，56岁以上群体占比较少，只有1%。

2.问卷受访者的性别结构

网络受访者与图书馆受访者的性别分布存在差异。网络受访者中，女性所占比例（57.46%）高于男性（42.54%）将近15%；图书馆受访者中，女性所占比例（47.17%）比男性（52.83%）略低。

3.问卷受访者的学历分布

网络受访者和图书馆受访者的学历分布规律基本一致，占比最多的是大学本科人群（在两类受访者中占比分别是14.6%、35.01%），其次是大学专科及以下（占比分别是75.24%、46.54%），排在第三位的是硕士研究生（占比分别是10.16%、14.47%），博士或以上人群占比最少（占比分别是0%、3.98%）。网络受访者中，大学本科学历人群的占比明显高于其他群体，但这一受访群体中没有博士或以上学历读者。

4.问卷受访者的职业分布

网络受访者中，商业人员（企业、公司职员等）所占比例（48.73%）明显高于其他职业群体，其次是科研人员（13.38%），文化、教育从业人员（13.38%）和学生（10.83%）。图书馆受访者的职业分布比较均匀，排在前四位的是商业人员（20.96%），学生（18.66%），文化、教育从业人员（18.45%）和自由职业者（9.64%）。两类受访者相比，网络受访者中商业人员（企业、公司职员等）和科研人员占比明显更高，但学生和自由职业者的占比明显低于图书馆受访者。

5.问卷受访者的上网频率

网络受访者的上网频率较高，经常上网的人数比例达到73.97%；图书馆受访者的上网频率相对较低，经常上网的比例只有36.69%。网络及图书馆受访者中，55岁以下群体的上网频率与一般分析基本相同，56岁及以上群体的上网频率则明显偏低。不同学历人群的上网频率与一般分析基本相同，学历越高，经常上网的人群所占比例越高，大学专科及以下人群的上网频率最低。该次调研中，受访者的上网频率在性别和职业背景方面的差异性不大。

6.问卷受访者获取资讯或查询资料的方式

如图A-1、A-2所示，无论是网络受访者还是图书馆受访者，获取资讯或查询资料最常用的方式均为互联网搜索引擎或门户导航，之后依次是图书馆资源、数据库商网站及咨询专业机构或人士等。与网络受访者相比，图书馆受访者使用图书馆资源的比例更大，相比之下使用互联网搜索引擎或门户导航的比例较小。

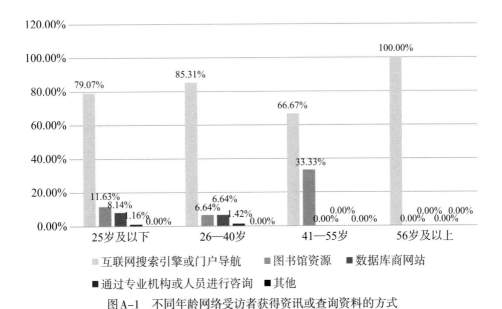

图A-1　不同年龄网络受访者获得资讯或查询资料的方式

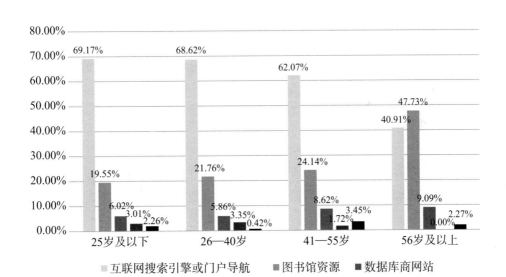

图A-2　不同年龄图书馆受访者获得资讯或查询资料的方式

　　如图A-3所示，不同学历受访者获取资讯或查询资料的方式与一般分析基本一致。比较特别的是图书馆受访者中的博士或以上人群，其通过图书馆、数据库商网站获取咨询或查询资料的比例明显高于其他人群，同时使用互联网搜索引擎或门户导航的比例明显下降。这与该群体进行学术研究，需要查阅专业性资料的行为特征有关。

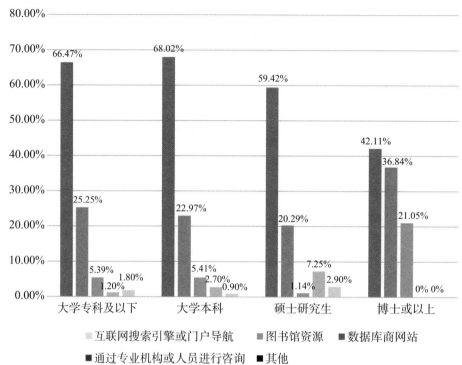

图A-3　不同学历图书馆受访者获取资讯或查询资料的方式

除年龄、学历外，不同性别、职业受访者的上网频率与一般分析基本相同。

7.问卷受访者上网经常使用的数字设备

网络受访者和图书馆受访者上网经常使用的数字设备基本相同，最常使用的均为手机（比例分别为87.3%、62.05%），其次是台式电脑或笔记本电脑（网络受访者中使用比例超过70%，图书馆受访者中使用比例超过50%），之后依次是平板电脑、数字电视、电子阅读器等。

8.问卷受访者访问数字图书馆的资源与服务的常用设备

网络受访者在访问数字图书馆资源与服务时最常使用的设备是笔记本电脑（71.75%），其后依次是台式电脑（63.17%）、手机（53.65%）、平板电脑、电子书阅读器、数字电视。图书馆受访者最常使用的是台式电脑（58.49%），其次是笔记本电脑（43.61%）、手机（17.61%）等。对比受访者上网常用的设备可以看出，数字图书馆在手机终端的资源和服务还有待加强。

9.问卷受访者使用数字图书馆的频率

由图A-4、A-5可以看出,在网络受访者中,40岁及以下群体使用数字图书馆的频率与一般分析基本一致。41岁及以上群体使用数字图书馆的频率偏低。在图书馆受访者中,55岁及以下群体使用数字图书馆的频率与一般分析基本一致,56岁及以上群体使用数字图书馆的频率偏低。由此可知,56岁及以上群体较少使用数字图书馆,这应该跟这一群体的信息素养水平较低有关。

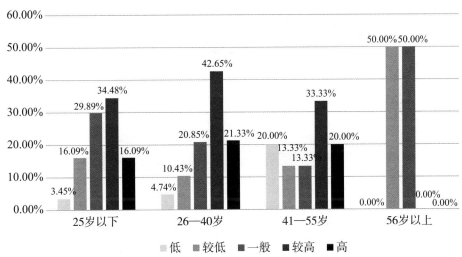

图A-4 不同年龄网络受访者使用数字图书馆的频率

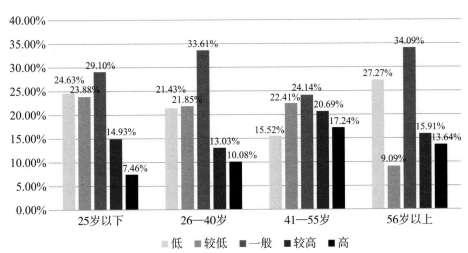

图A-5 不同年龄图书馆受访者使用数字图书馆的频率

10.问卷受访者希望数字图书馆提供的信息或服务

如图A-6所示，网络受访者中希望提供生活服务类信息或服务的比例最高（79.37%），其次是科研学习类和休闲娱乐类；在图书馆受访者中，排在第一位的是科研学习类信息或服务（67.71%），其次是生活服务类和休闲娱乐类。

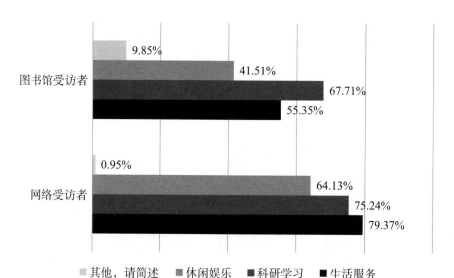

图A-6 不同学历图书馆受访者希望数字图书馆能够提供的信息或服务类型

11.问卷受访者选择数字图书馆最看重哪个方面

网络受访者和图书馆受访者选择数字图书馆最看重的因素基本一致，排在第一位的都是"资源丰富"（比例分别为64.65%、48.22%）。网络受访者第二看中的因素是"内容权威"（18.15%），之后是"使用便利"（14.33%），图书馆受访者则相反，第二看中的因素是"使用便利"（23.48%），随后是"内容权威"（16.14%）。排在最后的都是"节约资金"。由此可见，数字图书馆的资源优势还是比较显著，但是在使用便利性上还有待提升。

12.问卷受访者认为数字图书馆在资源服务方面的优势

网络受访者和图书馆受访者认为数字图书馆在资源服务方面的优势基本相同，排在第一位的是"信息量大且内容权威"（选择此项的群体占两类受访者比例分别为77.14%、65.83%），其后是"资源获取不受时空限制"（比例分别为69.21%、62.47%），此外选择较多的方面有"分类有序、导航精准、获取方式方便快捷""具有较强的专业性和学术性"等。

13.问卷受访者经常使用的数字图书馆资源类型

网络受访者和图书馆受访者经常使用的数字图书馆资源基本一致，排在前5位的分别为电子图书、全文期刊、学位/会议论文、电子报纸、工具书，其中网络受访者使用工具书的比例（50.16%）高于论文（45.4%）和电子报纸（43.17%）。此外，网络受访者使用专利/标准（33.65%）和数值事实（19.37%）的比例比音视频资源（15.24%）高，图书馆受访者使用音视频资源（20.13%）的比例比专利/标准（7.97%）和数值事实（6.71%）资源高。

14.问卷受访者希望获取数字图书馆活动信息的地点

网络和图书馆受访者希望获得数字图书馆活动信息的地点基本一致，排在前三位的均为图书馆（网站、官舍内公告、通知、宣传）、微博和社交网站、门户网站和媒体网站。

15.问卷受访者最希望了解的关于数字图书馆的内容

网络、图书馆受访者希望了解的内容基本相同，排在首位的是"获取数字图书馆资源的方式"（两类受访者中选择此项的比例分别是76.51%、66.04%），其次是"数字图书馆实时动态"（选择此项的比例分别为60%、45.07%），排在后面的分别是"数字图书馆与读者的关系及其价值"和"数字图书馆究竟是什么"。

16.问卷受访者对数字图书馆的服务或宣传推广提出的建议

（1）资源方面

希望能够：丰富数字图书馆资源，及时更新资源库；提供多种语言类型的资源；资源供给注重专业化与大众化的平衡；推出更多的特色资源；增加民国书刊、老旧刊报资源数量；提供更多的生活服务、休闲娱乐类信息，惠及普通大众；提供最新的学术内容或研讨会信息。

（2）服务方面

希望能够：建立方便、快捷的查询系统，提供集成化服务，简化登录步骤，减少使用限制，美化操作界面。提供专业的主题导航，设置关联链接，方便读者浏览、获取资源。建立读者在线互动平台，实时发布数字图书馆动态，与读者沟通交流，了解读者需求。针对不同类型的读者提供定制化服务，如加强个性化订阅，根据读者的搜索内容推荐相关资源，或通过邮件推送；推荐数字图书馆资源，设立图书排行榜、好评榜、推荐榜等。及时发布数字图书馆动态与资源信息，通过公告、短信、邮件等方式通知用户。

（3）宣传推广方面

希望能够：通过各种形式宣传数字图书馆，让更多的人知道、了解数字图书馆；在图书馆馆舍内的醒目位置张贴有关数字图书馆的介绍和使用方法，利用街头灯箱、广告牌、公车站、地铁、楼宇显示屏等张贴广告，制作宣传册在路边发放；举办展览、大型活动宣传数字图书馆；加大新媒体宣传，与有影响力的门户网站、大众媒体开展合作，充分利用微博、微信、论坛、贴吧等社交平台进行推广；在报纸、杂志、电视、广播等传统媒体开设专栏进行系列报道，介绍数字图书馆资源、服务及使用方式等；针对不同群体，在学校、科研单位、大中型企事业单位、社区、书店、商场中进行点对点宣传；定期举办线上数字图书馆使用者交流活动，邀请相关专家和权威人士开展讲座，指导群众学习使用数字图书馆；开发潜在用户，特别是针对中老年群体，教授计算机、数字图书馆使用方法等，扩大数字图书馆使用人群；实施推广有奖，号召广大网友协助宣传推广数字图书馆；改变宣传角度，如从数字图书馆有利于环保、减少纸张使用的角度进行宣传。

附录B 数字图书馆推广工程标识使用规范

一、标识释义

标识整体造型外圆内方，以国家图书馆Logo为核心的设计创意，意在表现"数字图书馆推广工程"将国家数字图书馆的建设成果在全国公共图书馆进行推广、打造基于新媒体的图书馆服务新业态这一工程目标。

二、标识使用范围

推广工程标识由推广工程各实施单位负责使用。推广工程标识应在以下情况使用，具体包括：推广工程采购的硬件设备、办公场所；推广工程举办的各类会议、培训、竞赛、展览、仪式等公共活动；推广工程相关的办公事物用品、标牌、徽章、礼品、印制材料、宣传用品、媒体资料、出版物和表彰的奖牌、证书等物品；推广工程相关的简报、网站等宣传媒介。

三、标识使用管理

（一）国家数字图书馆对标识管理履行以下职责：

1.负责标识的设计、修订；

2.制定和发布标识使用管理等制度规范；

3.负责全国范围内标识的宣传推广；

4.指导和检查全国范围内标识的使用管理；

5.其他需要事项。

（二）标识样式由国家数字图书馆推广工程统一规定，推广工程实施单位根据规定样式使用标识，可按比例放大或缩小，但不得修改标识的图案组成、文字字体、图文比例等。

四、标识使用规范

（一）颜色标准

标识内部为渐变色，针对不同使用表层，标识中的蓝色与天蓝色色值定为：

1.印刷平面载体时，天蓝色四色色值为：C80 M0 Y10 K10，蓝色四色色值为：C100 M0 Y30 K30。

2.进行烤漆表面、亚克力材料、户外设施的喷绘时，天蓝色专色色值为：PANTONE638C，蓝色专色色值为：PANTONE3145C。

（二）最小尺寸

为了保证标识内涵被完整展现，在印刷品中，标识的最小适用范围宽为15mm。

（三）使用本标识，不得在标识上增添、删除任何内容。

（四）数字图书馆推广工程标识样式及具体使用规范可在推广工程网站（http://www.ndlib.gov.cn）下载。

后　记

2011年，数字图书馆推广工程正式启动，工程由国家图书馆和全国各级公共图书馆共同建设实施。我本人有幸参与了这样一项重点公共数字文化工程，见证了工程从策划、调研到申报立项、启动实施的全过程，并在之后的八年里，一直负责国家图书馆数字图书馆推广工程办公室的日常建设和管理协调工作。

工作之初，我和同事们常常感觉如履薄冰，很多工作没有现成的经验可以借鉴，需要自己去摸索。而在全国范围内实施更是一份沉甸甸的责任，一项很简单的决策都需要反复推敲，否则即便想法很好，也可能在实施的时候收获一片混乱。那时候，我特别希望能找到一些数字图书馆推广方面的指南、手册，能够给具体工作提供一些实践指导或创意启发，但是很遗憾没有找到什么合适的著作。

随着工作的不断深入，我的经验也在磕磕碰碰中日积月累。在长期的政策学习和规划起草过程中，我对数字图书馆推广的理解有了更宏观的视角；在与各地图书馆的日常合作与沟通中，我也对各地的推广需求和推广模式有了更全面的了解；在数十次全国推广活动的实施过程中，我对推广活动的策划和规范化管理有了更深入的思考。在工作期间，我牵头开展了一项数字图书馆推广的研究项目，通过项目的调研工作积累了许多一手素材。梳理、总结这些年的思考和积累，提取出其中有价值的经验，使更多如我当年一样处于困惑中的同行能够有所参考，成为我写这本书的初衷。

2017年底，本书初稿完成。2018年，我调入高校图书馆工作，工作的变动带来视角的变化，进而带来对原有工作的一些新思考。同时我也从专业人士那里得到了一些反馈，比如哪些地方是大家关注的，还应该加强，哪些地方已经是行业共识，不需要这么重的笔墨……就这样，我对书稿进行了大幅调整，从结构到内容，从数据到案例，断断续续又花了一年多的时间，终于在2020年初修改完成。

在此，我衷心感谢国家图书馆的李晓明主任、北京大学图书馆的王波老师以及国家图书馆出版社的邓咏秋编审对本书给予的宝贵建议，感谢曾经并肩奋斗的姜晓曦、韩萌、汪静、温泉、刘溪、郭炯等多位同事在本项研究中给予的支持，谨以此书表达对各位师长、同人和亲友的由衷感谢。由于时间和能力有限，书中疏漏之处在所难免，敬请各位读者批评指正。

邵　燕

2020年1月